Yves Billot

Adrien! C'est toi?

Yves Billot

Adrien! C'est toi?

Éditions Muse

Imprint

Any brand names and product names mentioned in this book are subject to trademark, brand or patent protection and are trademarks or registered trademarks of their respective holders. The use of brand names, product names, common names, trade names, product descriptions etc. even without a particular marking in this work is in no way to be construed to mean that such names may be regarded as unrestricted in respect of trademark and brand protection legislation and could thus be used by anyone.

Cover image: www.ingimage.com

Publisher:
Éditions Muse
is a trademark of
Dodo Books Indian Ocean Ltd., member of the OmniScriptum S.R.L Publishing group
str. A.Russo 15, of. 61, Chisinau-2068, Republic of Moldova Europe
Printed at: see last page
ISBN: 978-3-639-63614-7

Copyright © Yves Billot
Copyright © 2015 Dodo Books Indian Ocean Ltd., member of the OmniScriptum S.R.L Publishing group

**Adrien !
C'est toi ?**

Résumé

Nous sommes dans un petit village de campagne, fin années 80. Après 20 ans de vie commune, MARIE, vient de perdre son mari Adrien. A la surprise de son entourage, elle ne montre aucune tristesse, bien au contraire ! De l'au-delà, Adrien, compte bien lui donner une leçon, et lui rendre la vie insupportable. Comment cette veuve, trop joyeuse, va-t-elle se débarrasser de son fantôme de mari ?

Décors

Pièce de vie d'une exploitation agricole, avec un escalier donnant sur des chambres, une porte fenêtre doit donner sur une allée de jardin, enfin une dernière porte donne sur l'office.

MARIE
Maintenant que son mari est mort, elle compte bien profiter de la vie et voyager. Il est vrai que les 20 années de vie commune avec Adrien n'ont pas été très heureuses ! A présent elle souhaite s'occuper d'elle. Nouvelles toilettes, voyages, nouvelle décoration intérieure sont au programme.

ADRIEN
Epoux de MARIE, il a passé toutes ces années à travailler sans relâche au détriment de son couple. Il a négligé sa femme et la vie de couple est très vite devenue un enfer.

FRANÇOIS
Il a toujours aimé MARIE, et apprenant la mort de son rival de toujours, il tente de la conquérir.

KARINE
Veuve depuis 5 ans, KARINE travaille pour l'exploitation agricole depuis plus de 10 ans, elle s'occupe des tâches ménagères et passe beaucoup de temps chez Adrien et MARIE qui sont un peu sa seconde famille. Elle n'a pas d'enfant, elle est très dévouée et attentionnée.

LUCETTE
Environ même âge que MARIE, c'est la sœur d'Adrien. Elle vit à Paris, elle est mondaine, pédante et si après le décès d'Adrien elle revient chez sa belle-sœur, ce n'est que dans un seul but, l'argent. Elle compte bien profiter de la solitude de MARIE pour récupérer tous les biens.

BÉATRICE
C'est la nièce de MARIE, la fille de LUCETTE, elle est à l'opposé de sa mère, gentille, douce, attentionnée et adore sa tante.

Le Curé GABRIEL (Rôle tenu par le comédien qui joue FRANÇOIS)
La soixantaine, curé pas très catholique, il s'occupe d'un peu trop près de ses ouailles, notamment de la femme du boucher Suzanne.

SOPHIE
La quarantaine, c'est une amie d'enfance de MARIE.

SIMONE
Personne âgée, bonne vivante, mariée 5 fois, bientôt 6, elle a le verbe facile !

CHARLES
C'est le mari de Lucette, il n'a qu'une préoccupation, c'est de s'occuper de sa voiture et de l'héritage.

PIERRE
C'est le frère de Béatrice.

SUZANNE
C'est la femme du boucher, elle est follement amoureuse du père GABRIEL.

Acte I

(Adrien et MARIE ont terminé de dîner, KARINE débarrasse la table)
MARIE : *(Adrien se lève et va lire son journal dans le fauteuil, MARIE est visiblement excédée par son comportement)* Ta journée s'est bien passée ?
(Pas de réponse d'Adrien)
KARINE : *(Sentant que MARIE va exploser)* MARIE, que voulez-vous que je prépare à déjeuner, pour demain ?
MARIE : *(Un ton plus haut)* Je t'ai posé une question ! Comment ta journée s'est passée ?
ADRIEN *(Sans la regarder)* Elle s'est passée ! Je n'ai rien d'autre à dire !
MARIE : Pourquoi es-tu rentré si tard ce soir ? Comme tous les soirs d'ailleurs !
ADRIEN Beaucoup de choses à faire! Voilà pourquoi !
KARINE : *(Voulant calmer la situation)* Je pourrai vous préparer des brocolis, ou un chou farci ?
MARIE : Et demain tu pourras rentrer plus tôt, pour m'accompagner en ville…..
ADRIEN Je n'aurai pas le temps !
KARINE : *(Voulant calmer la situation)* Ou bien des tomates farcies avec un bon rôti de porc !
MARIE : Tu n'as jamais le temps pour moi !
ADRIEN *(Se lève le journal en main)* Je n'ai pas que ça à faire, accompagner madame faire ses courses!
MARIE : A part mettre les pieds sous la table, *(Arrachant et Jetant le journal au sol)* lire ton journal et travailler! Il y a rien d'autre qui t'intéresse !
ADRIEN *(Ramasse son journal)* C'est vrai ! Mais au moins nous ne manquons de rien !
MARIE : Parle pour toi ! Moi je manque d'attention et d'amour *(Elle se met à pleurer)*
KARINE : *(Penaude)* Je vais peut-être faire des pates moi!
ADRIEN Arrête de te plaindre ! Tu as tout le confort que tu veux! C'est l'essentiel non ?
MARIE : Non ! Je veux aussi que tu t'occupes de moi, tu me négliges !
ADRIEN *(dédaigneux)* Pff ! Tu dis n'importe quoi !
MARIE : *(Hors d'elle)* Comment oses-tu ! Je me suis achetée une nouvelle robe, rien que pour toi ! Tu ne l'as même pas remarquée ! *(Elle pleure)*
ADRIEN Encore de l'argent envoyé par les fenêtres !
KARINE : *(Penaude)* Ou des patates ?
MARIE : *(Hors d'elle)* Tu es ignoble ! Comment ai-je pu t'épouser ?
ADRIEN *(Se tenant la poitrine)* MARIE, ça ne va pas je…. Je me sens…… *(Il s'écroule)*
KARINE : *(Alarmée, allant vers Adrien)* Mon Dieu MARIE, vite, il faut appeler le docteur …vite !
MARIE : *(Ne bougeant pas)* Il joue la comédie !
KARINE : Enfin MARIE, c'est peut être grave !
MARIE : Bien fait pour lui, il n'avait pas à s'énerver comme ça !

KARINE : *(Se précipitant au téléphone)* Allo Docteur Simon ?.... Oui c'est KARINE, venez vite …..C'est Monsieur Adrien……il a eu un malaise, il est inconscient ! *(Elle raccroche)* Il arrive !

MARIE : *(Moqueuse)* Si ça se trouve, quand le docteur sera là, il sera debout, frais comme un gardon !

KARINE : J'espère, mais j'en doute !

MARIE : *(Moqueuse)* T'es toubib toi ?

KARINE : Non ! Mais je suis certaine, que c'est très grave, j'ai un pressentiment ! *(MARIE s'approche d'Adrien, en jetant un œil, elle hausse les épaules)* MARIE ! Je vous dis que c'est grave ! Monsieur Adrien ! Réveillez-vous *(Elle lui tapote le visage)* Mon Dieu il ne bouge pas, il ne va pas bien du tout !

MARIE : *(Moqueuse)* Comédien !

KARINE : Comment pouvez-vous parler ainsi ? Monsieur Adrien est sur le point de mourir et….

(KARINE pleure)

MARIE : *(Se penchant sur Adrien et soulevant le bras qui retombe)* C'est vrai qu'il n'a pas l'air d'avoir la grande forme ! Eh bien, sur sa pierre, comme épitaphe on gravera, quand je vous disais que je n'allais pas bien !

KARINE : Mon Dieu ! Vous plaisantez en un moment pareil ? *(Secouant Adrien)* Monsieur Adrien ! Tenez bon ! Le docteur ne va plus tarder.

MARIE : Ben qu'il prenne son temps surtout !

(Scène noire)

Matin J1-11h

MARIE : *(MARIE et KARINE entrent, MARIE enlevant son manteau)* Et bien ! Voilà une bonne chose de faite !

KARINE : *(Enlevant son manteau)* Ce pauvre monsieur Adrien nous a quitté il y 3 jours, vous venez de l'enterrer, comment pouvez-vous parler ainsi ?

MARIE : *(s'asseyant)* Prépare-moi un café au lieu de me poser ce genre de question ! Aussi stupide que le bipède qui m'a servi d'époux pendant 20 ans !

KARINE : *(Sortant son mouchoir)* Avec mon Gérard, ce n'était pas le grand bonheur, mais quand il est mort ! Je n'ai jamais eu de mauvaises pensées à son égard.

MARIE : Ton mari devait être beaucoup plus gentil et attentionné que le mien, crois-moi ! J'avais le champion du monde des pénibles !

KARINE : *(S'affaire à préparer le café)* Oh ! Je suis si peinée et si choquée de vous entendre parler ainsi ! Monsieur Adrien n'était pas stupide et pénible !

MARIE : *(Rigolant)* Tu as raison ! Il était également avare, égoïste, peut-être même infidèle et ….

KARINE : Tout ça ? Ce n'est……!

(On sonne, KARINE va ouvrir, Marie-Jeanne entre avec sa canne)

SIMONE : *(Sans demander l'autorisation elle s'assoit)* Eh bien la Marie ! Tu t'es enfin débarrassée de ce boulet !

MARIE : *(Rigolant)* Pas besoin ! Il s'est débarrassé tout seul !

KARINE : *(sortant son mouchoir, à Simone)* Je suis si peinée de vous entendre parler ainsi, Adrien est votre cousin tout de même !

SIMONE : *(Tapant sur la table avec sa canne)* Etait ! Sers-moi à boire au lieu de te lamenter !
MARIE : *(Rigolant)* Ah oui ! C'est une excellente idée ! Sors la bouteille de mousseux !
KARINE : *(pleurant)* Vous n'allez tout de même pas fêter sa mort ?
MARIE : *(Rigolant)* Ben pourquoi pas ? J'ai attendu cet instant depuis si longtemps !
KARINE : *(elle sanglote et sort la bouteille du réfrigérateur)* C'est y pas honteux !
SIMONE : *(rigolarde)* Bonne idée, nous allons fêter son grand départ vers l'au-delà !
(Karine ouvre la bouteille et remplis les verres, mais ne se sert pas)
SIMONE : *(A Karine)* ben, tu ne te sers pas ?
KARINE : *(Regardant le plafond)* J'ai trop peur qu'il m'en veuille ! D'où il est, assis près du bon Dieu !
SIMONE : *(rigolarde et buvant cul sec)* Adrien assis près du bon dieu ! N'importe quoi ! Dès qu'il voyait une église, il changeait de trottoir ! Alors, que vas-tu faire la Marie, maintenant que tu es libre ?
MARIE : je vais enfin vivre !!!!!!!
(On sonne, KARINE va ouvrir, SOPHIE entre, MARIE se lève et va à sa rencontre, elles se font la bise)
SOPHIE : Bonjour Simone !
SIMONE : Bonjour Sophie.
SOPHIE : Pardonne-moi MARIE, mais je n'ai pas pu me rendre au cimetière à temps ! Il y a toujours un monde fou à la pharmacie le samedi, de plus mon assistante est en congés, vraiment je suis désolée !
MARIE : Tu n'as rien raté ! Tu parles d'un spectacle !
SIMONE : *(rigolarde)* C'est dommage pour une fois qu'Adrien en était la vedette !
SOPHIE : Enfin ! Comment pouvez-vous parler ainsi…
KARINE : J'ai fait la même remarque Madame SOPHIE, mais rien à faire elle est têtue la MARIE, vous ne devriez pas parler comme ça.
MARIE : KARINE, au lieu de me dire comment je dois parler, vas plutôt cueillir des fleurs dans le jardin, il est grand temps d'égayer cette maison, il faudra aussi retirer ces bibelots ridicules, et surtout cette photo ! *(Montrant la photo de mariage)* Non mais regardez-moi cette tête d'abrutis !
SOPHIE : Mais c'était quand même ton mari, MARIE.
SIMONE : *(rigolarde)* Tiens c'est marrant ça, ton mari MARIE !
MARIE : Je me demande encore après vingt ans qu'est-ce qu'il m'a pris ! D'aller devant le maire accrochée à son bras comme une moule à son rocher !
(KARINE sort pour aller couper les fleurs)
SOPHIE : Nous nous connaissons depuis plus de quarante ans, nous avons usé les mêmes bancs d'école ! Quand tu t'es mariée, tu étais heureuse non ?
SIMONE : *(Dans un soupir)* Au début c'est toujours tout beau tout rose !
MARIE : Oui c'est vrai, au début j'étais heureuse !
SOPHIE : Et bien alors ? Que s'est-t-il passé ensuite ?
MARIE : Très vite, il n'a pensé qu'à son travail ! Il partait très tôt, rentrait très tard !
SIMONE : *(Dans un soupir)* J'ai connu ça aussi !
SOPHIE : *(Moqueuse)* Avec lequel ? Tu as été mariée 5 fois !

SIMONE : *(Dans un soupir)* Avec le Félix, il ne pensait qu'au boulot ! Mais c'était le moins pire de tous !
MARIE : En plus, Adrien ne s'occupait plus de moi……et pour tout dire……. nous ne faisions même plus la chose !
SOPHIE : Comment-ça la chose ?
SIMONE : *(Dépitée)* Tu ne veux pas qu'elle te fasse un dessin ! Le tagada, les pirouettes dans le lit et tout et tout ! *(Joyeuse)* En tout cas, mon Félix, lui, il mettait autant d'ardeur à me satisfaire qu'à retourner le champ de patates !
KARINE : Bonjour la poésie !
SIMONE : *(Dépitée)* Maintenant c'est en friche !
SOPHIE : Qui ça, toi ?
SIMONE : *(Dépitée)* Mais non le champ !
MARIE : *(Enervée)* Bon ! Changeons de conversation !
SOPHIE : Comme tu voudras ! Quels sont tes projets à présent ?
MARIE : Oublier ces trop longues années et profiter de la vie, SEULE !
SOPHIE : Mais il te reste ta belle-sœur LUCETTE, CHARLES et leurs enfants, tu pourrais passer plus de temps avec eux ?
MARIE : Maintenant que je suis libre, je n'ai pas l'intention de perdre mon temps chez eux, je vais VOYAGER ! À travers le monde.
SIMONE : *(rires)* Il faudrait déjà que tu commences par visiter la France !
MARIE : Tu as raison ! *(rires)* Je devrais déjà commencer par le département ! En 20 ans cette andouille ne m'a pas emmené plus loin que chez sa mère qui habite à 15 kilomètres d'ici.
SOPHIE : *(rires)* Effectivement, tu as du retard à rattraper !
SIMONE : *(Dépitée)* Ca me rappelle mon Raymond ! Il m'interdisait même d'aller chercher le pain !
SOPHIE : *(rires)* C'était ton deuxième ou ton troisième mari ?
SIMONE : *(Riant)* Entre le 2 et le 3 ! Juste un flirt !
SOPHIE : *(rires)* Bon, je file ! Je dois retourner à la pharmacie, si tu as besoin de quoi que ce soit, tu sais où me trouver.
MARIE : Merci quand même d'être passée ! *(Ils se font la bise et SOPHIE sort)*
SIMONE : *(Se levant)* Bon j'y vais aussi ! J'ai rendez-vous avec Alfred !
MARIE : Alfred ?
SIMONE : *(Se dirigeant vers la porte)* Oui, mon nouveau fiancé !
MARIE : *(Inquiète)* Dis, Simone, tu ne vas pas te marier une sixième fois tout de même ?
SIMONE : Mais non !....... Juste me pacser ! Allé ! Profite ma grande, on ne vit qu'une fois ! C'était un mari déplorable ! Mais je l'aimais bien quand même mon cousin. *(Elle sort)*
(MARIE s'assoit et boit son café, elle est visiblement détendu et souriante)
Voix ADRIEN « Alors te voilà enfin débarrassée ? »
(MARIE recrache son café, elle se lève affolée regardant dans toute la pièce)
MARIE : Qui a parlé ?
(Elle regarde le contenu de son café)

MARIE : Voilà que je me prends pour Jeanne d'Arc ! Il manquait plus que ça !
(Elle continue à boire son café, KARINE entre avec des fleurs, qu'elle tend à MARIE) Oh ! Elles sont superbes ! *(Les prenant pour les mettre dans un vase)* enfin de la couleur dans cette pièce. Dis KARINE, heu… c'est toi qui as voulu me faire une petite blague avant d'entrer ?
KARINE : *(Enlevant les bibelots et la photo)* Une blague, comment cela ?
MARIE : Avant d'entrer avec tes fleurs, tu n'as pas dit « Te voilà enfin débarrassée » !
KARINE : Ben non MARIE… vous avez entendu…
MARIE : Non… *(En riant)* Non ce doit être l'émotion!
KARINE : L'émotion ?
MARIE : Enfin je veux dire le soulagement ! *(En riant)* Allé, maintenant nous allons faire le tour de toutes les pièces ! Et faire le tri ! *(Montrant des bibelots)* Ça, ça….et ça.
KARINE : Poubelle ? C'est dommage !
MARIE : Si tu veux les emporter, tant que je ne les vois plus ici ! À ta guise ! *(Regardant par la fenêtre)* Ne me dit pas que c'est……
KARINE : *(Regardant par la fenêtre, rigolarde)* Oui c'est lui!
MARIE : *(Paniquée)* Dis-lui que je ne suis pas là….
KARINE : Il sait très bien que vous êtes là……il nous a suivi depuis le cimetière.
MARIE : *(Regardant par la fenêtre et riant)* Non mais regarde-moi cette dégaine ! Dis-lui que je suis trop peinée, que ce n'est pas le moment et que je n'ai pas envie de le voir.
KARINE : *(Rigolarde)* C'est ce que vous lui avez déjà dit après l'église……il est têtu l'animal. Ça y est, il arrive à la porte.
(MARIE s'assoit et prend son mouchoir faisant semblant de pleurer, FRANÇOIS entre, et vient directement se mettre à genoux devant MARIE)
FRANÇOIS : *(Tendant un bouquet de fleurs)* Oh MARIE si tu savais….
KARINE : Tout le mal que l'on t'a fait ?
FRANÇOIS : *(L'air ahuri)* Hein ?
MARIE : Oh des fleurs! Il ne fallait pas FRANÇOIS ! Si on avait su.
FRANÇOIS : *(L'air ahuri)* Comment ?
MARIE : Non rien !
FRANÇOIS : MARIE, maintenant que tu es libre, puis-je espérer te conquérir…..
MARIE : Je ne suis pas un château fort ! Et c'est peut-être un peu prématuré, ne penses-tu pas ?
FRANÇOIS : Je sais, mais cela fait si longtemps que je guette…. Heu que je t'aime en secret….alors maintenant que tu es libre, je veux être le premier…
MARIE : Le premier ?
FRANÇOIS : Oui, enfin, le prochain, il y a 20 ans, Adrien a été plus rapide que moi, c'est moi qui devait t'emmener au bal du 14 juillet, sur ma mobylette, tu te rappelles ?
MARIE : Oui ! Mais Adrien avait une voiture et en plus ce soir-là, il pleuvait comme vache qui pisse.

FRANÇOIS : Mais aujourd'hui, je suis là, tu peux compter sur moi et malgré ces longues années, mon amour est intact. MARIE, je te donne mon cœur et tous mes biens, j'ai une grande exploitation, tu le sais bien ! Tout sera à toi.
KARINE : Mais…..enfin MARIE ne cherche pas à acquérir un patrimoine, et elle vient à peine d'enterrer son pauvre et tendre Adrien, l'amour de sa vie *(MARIE fait semblant de sangloter de plus belle)* !
(MARIE tousse se retenant de rire)
FRANÇOIS : Ça ne va pas MARIE ?
MARIE : *(se retenant de rire)* C'est les Marguerittes, je suis allergique!
FRANÇOIS : Puis-je au moins espérer ma tendre, ma douce….
MARIE : *(Raccompagnant FRANÇOIS vers la porte)* Bon, nous verrons ça. *(FRANÇOIS sort)*
KARINE : Dites donc, il est vraiment amoureux ! Mais en le voyant, il faut vraiment avoir faim….avec ses lunettes à triple foyers !
MARIE : *(Riant)* Il ne doit pas voir un éléphant dans un couloir ! C'est plus des lunettes qu'il lui faut, c'est un chien !
KARINE : Oh ! Nous sommes là, à rire alors que ce pauvre Adrien !
MARIE : Ah ! Tu ne vas pas recommencer ! Adrien est bien où il est ! Aller, Hop, rangement !
(Elles quittent la scène. C'est le midi, MARIE déjeune tranquillement en écoutant de la musique et en feuilletant un magazine de mode)
MARIE : Hum ! Sympa cette petite robe ! Du 38 ça devrait m'aller !
Voix ADRIEN « Tu es trop grosse pour du 38 »
MARIE : *(Se lève d'un bond, arrête la musique et va ouvrir la porte d'entrée. Personne)* Qui a dit ça ? *(Pas de réponse)* Enfin je ne suis pas folle ! J'ai bien entendu « Tu es trop grosse pour du 38 » C'est peut-être la voix de ma conscience! *(Elle regarde le catalogue)* Elle n'y connait rien, je ne suis pas trop grosse pour du 38 !
(On sonne à la porte, MARIE fait un bond et va ouvrir. C'est KARINE)
KARINE : Je vous ai apporté des fruits, des pêches!
MARIE : C'est gentil KARINE ! *(Montrant la robe dans le magazine)* Regarde comme elle est belle cette petite robe ! En plus, elle est un peu échancrée.
KARINE : Ah oui ! Carrément échancrée.
MARIE : Je vais la commander, en 38 !
KARINE : « Vous êtes trop grosse pour du 38 »
MARIE : *(Se lève en colère)* Tu ne vas pas t'y mettre toi aussi !
Voix ADRIEN « Tu vois j'avais raison ! »
MARIE : *(Secouant KARINE)* Ah ! Je ne suis pas folle ! Tu as entendu toi aussi, hein ?
KARINE : *(Affolée)* Entendu quoi ?
MARIE : Cette voix qui vient de dire « Tu vois j'avais raison ! »
KARINE : Mais non MARIE c'est moi qui ai dit « Vous êtes trop grosse pour du 38 »
MARIE : Merci ! Ce n'est pas la peine de le répéter ! Mais après la voix a dit « Tu vois j'avais raison ! »
KARINE : Oui, j'avais raison! Enfin, vous êtes certaine d'avoir entendu une voix ?
MARIE : *(S'asseyant effondrée)* Oui absolument et le pire…

KARINE : Le pire ?
MARIE : C'était la voix d'Adrien !
KARINE : La voix d'Adrien ? Mais grand Dieu c'est impossible ! Il est mort….
MARIE : Têtu comme il était, il serait bien capable de ressusciter!
KARINE : En parlant de résurrection ! Vous n'avez rien remarqué, au cimetière ? La Josette, elle est allée sur la tombe de son mari !
MARIE : Oui, comme tous les samedis! Et alors ?
KARINE : Après avoir déposé des fleurs sur sa tombe, quand elle est repartit, elle marchait à reculons !
MARIE : A reculons ?
KARINE : Alors je n'ai pas pu m'empêcher de lui demander pourquoi. Et ben elle m'a dit qu'à chaque fois qu'elle allait sur la tombe de son mari, elle sortait du cimetière toujours à reculons.
MARIE : Qu'elle drôle d'idée. Mais pourquoi ?
KARINE : Parce que de son vivant, son mari lui disait toujours « Tu as un cul à réveiller un mort ! » Et comme elle ne veut surtout pas qu'il se réveille ! *(Elles éclatent de rire)* Cela fait du bien de rire, bon, Allez-vous reposer, je vais m'occuper de ranger tout ça.
MARIE : Je veux bien, tu es gentille *(Elle quitte la scène)*
J1-16h
(Scène sombre, puis éclairée, KARINE fait du rangement, BÉATRICE et LUCETTE tapent à la porte, KARINE va ouvrir)
KARINE : Madame LUCETTE, BÉATRICE ! C'est bien que vous soyez venues. Mais quelle dommage que vous n'ayez pas pu accompagner votre frère à sa dernière demeure !
LUCETTE : *(Ton pédant)* Nous avons fait le maximum, mais Charles ne pouvait pas se libérer plus tôt ! Il travaille beaucoup !
BÉATRICE : *(Ironique)* Oui papa travaille beaucoup, pendant que maman dépense beaucoup.
LUCETTE : *(Vexée)* Allons Béa ! Pas de commentaire !
KARINE : C'est quand même dommage que vous ayez raté l'enterrement !
LUCETTE : *(Faisant mine de pleurer)* Mais par la pensée, j'étais bien là !
BÉATRICE : Nous étions là !
(LUCETTE hausse les épaules)
KARINE : Et où sont Charles et Pierre ?
LUCETTE : *(D'un ton pédant)* Charles gare la voiture ! Pierre le guide, tu comprends c'est une berline toute neuve qui sort du garage.
(Charles et Pierre entrent)
CHARLES : *(faisant un bonjour de loin)* Bonjour Karine, *(Regardant par la fenêtre)* Elle ne risque rien sous le tilleul ?
KARINE : Qui donc ?
PIERRE : *(faisant la bise à Karine)* Bonjour Karine.
KARINE : Bonjour Pierre.
CHARLES : l'automobile !
BÉATRICE : A part une merde de pigeon ! Je ne vois pas !

PIERRE : Papa, il faudrait peut-être mettre un drap pour la protéger.
BÉATRICE : *(Exaspérée)* Ce n'est qu'une voiture !
LUCETTE : *(D'un ton pédant)* Oui, mais quand même ce serait plus prudent !
CHARLES : Une automobile qui m'a coûté une fortune !
PIERRE : *(Pédant)* Maman à raison, ce serait plus prudent !
KARINE : *(Regardant à son tour par la fenêtre)* Trop tard !
CHARLES : *(Affolé)* Et voilà ! Ça commence bien ! *(Il attrape un chiffon et sort)*
LUCETTE : Ou est tantine ?
KARINE : Elle est montée se reposer.
BÉATRICE : Comment accuse-t-elle le coup ?
LUCETTE : Elle n'a pas trop de peine ? Il faut dire que le départ brutal de mon cher frère est si injuste et si cruel ! *(Elle pleure)*
BÉATRICE : *(Moqueuse)* Tu veux un kleenex ?
PIERRE : *(Consolant sa mère)* Béa ! Je trouve ton humour déplacé !
BÉATRICE : Alors comment va-t-elle ?
KARINE : Elle va bien ! Je dirais même, qu'elle va très bien.
LUCETTE : Tu veux dire qu'elle n'est même pas triste ?
PIERRE : Comment ça, elle va bien ?
KARINE : *(Se rattrapant)* Non en fait elle fait semblant d'aller bien, mais elle ne va pas bien du tout !
PIERRE : *(A sa femme)* Tu vois maman je te l'avais dit, Tantine fait la forte, mais au fond d'elle, le départ d'Adrien a dû la plonger dans une tristesse effroyable !
LUCETTE : *(Allant dans les bras de Pierre)* Les enfants, il faut que nous soyons forts pour elle et plus proche que nous l'avons été durant ces dernières années. Elle doit être tellement malheureuse à présent …. *(MARIE entre en chantant)*
(LUCETTE, PIERRE et BÉATRICE la regarde éberlués)
MARIE : *(Voyant sa sœur, son neveu et sa nièce, elle change d'attitude et se met à sangloter)* Ah LUCETTE! Tu es venue consoler ta pauvre belle-sœur ! *(Retrouvant un large sourire)* Et les enfants aussi sont là ! *(BÉATRICE se jette dans les bras de MARIE, LUCETTE et PIERRE ne bougent pas)*.
BÉATRICE : Oh Tantine, quel malheur !
PIERRE : *(Distant, fait la bise à Marie)* Oui, c'est affreux !
LUCETTE : Pourquoi tu chantais en entrant ?
MARIE : *(Prenant un air dramatique, la main sur le front)* Je me force à chanter, pour ne pas pleurer toutes les larmes de mon corps!
CHARLES : *(Charles entre avec son chiffon tout sale)* Vous avez un journal Karine ?
KARINE : *(Voyant le chiffon tout sale)* Et ben, il avait une gastro le pigeon !
BEATRICE : Papa ! Tantine est là ! Et je te rappelle qu'elle vient d'enterrer ton beau-frère !
CHARLES : *(Gêné, faisant la bise à Marie)* Oui, c'est vrai ! Félicitations…Euh condoléance ! *(A Karine)* Alors ce journal !
KARINE : Ben ici, il n'y a pas de journal le samedi !
PIERRE : *(Enervé)* Papa veut dire un vieux journal !
(Karine lui donne un journal, il sort sans dire merci)

LUCETTE : MARIE….. Pardonne moi d'aborder le sujet….mais….Adrien avait fait un testament il me semble !
BÉATRICE : Maman ! Tu penses vraiment que c'est le moment ?
PIERRE : Béatrice ! Maman sait très bien ce qu'elle a à faire !
LUCETTE : Alors, Marie, ce testament ?
CHARLES : *(Entre)* Voilà ! Maintenant elle ne risque plus rien !
MARIE : *(Marie va vers la fenêtre)* Oh la belle voiture !
CHARLES : *(Mielleux)* Alors quand allons-nous chez le notaire ?
MARIE : *(Excitée)* Je ne vais pas attendre un jour de plus !
LUCETTE : Charles ! Marie va aller chez le notaire !
CHARLES : *(Heureux)* Sage décision !
MARIE : *(Excitée)* Dès demain !
LUCETTE : Bonne idée !
CHARLES : *(Heureux)* Alors demain c'est le grand jour ? !
MARIE : Oui ! Je vais commander une nouvelle robe !
CHARLES : *(Etonné)* Une robe ?
PIERRE : Une robe ?
KARINE : MARIE veut dire une robe de veuvage ! N'est-ce pas ?
MARIE : Oui de veuvage, mais échancrée.
BÉATRICE : Je suis fière de toi ! Tantine.
CHARLES : Mais pour le testament ?
PIERRE : Oui, le testament !
BÉATRICE : En portant le deuil pendant 1 an, tu vas honorer l'absence de tonton !
KARINE : Le deuil pendant un an ! C'est beau ! Pour mon Gérard, j'ai tenu 6 jours !
MARIE : Pendant 1 an ?
LUCETTE : *(Irritée)* Tu l'ouvriras quand ?
BÉATRICE : Maman !
MARIE : *(Désintéressée)* Il n'y a pas le feu ! *(Simulant des pleurs)* feu, avec un e !
(MARIE s'écroule sur la chaise)
KARINE : A présent, il est l'heure comme tous les jours que Dieu fasse de prier pour Monsieur Adrien, hein MARIE *(Coup de coude à MARIE)* ?
MARIE : *(Se tournant en faisant la moue)* Si tu le dis !
BÉATRICE : Venez ! Nous allons laisser tantine se recueillir !
LUCETTE : Tu as raison ! La prière, ce n'est pas mon truc, Charles ! Allons-y! Nous reviendrons demain !
CHARLES : *(Regardant par la fenêtre)* Excellente idée ! J'espère qu'ils ont un parking couvert à l'hôtel ! *(Il sort avec Pierre)*
KARINE : Je vais vous préparer une chambre.
LUCETTE : Non, certainement pas ! Nous avons déjà réservé.
BÉATRICE : *(Insistante)* Mais maman ! Je peux dormir ici moi !
LUCETTE : *(Autoritaire)* NON ! J'ai dit !
MARIE : Tant mieux ! Enfin je veux dire *(Portant la main à son front)* que je profiterai de cette solitude pour mieux prier et penser à mon pauvre Adrien, seul dans son

caveau, où il doit faire froid et sombre ! Lui qui avait toujours les pieds gelés, le pauvre !
LUCETTE : Cela dit, là où il est, il ne doit plus sentir grand-chose.
(MARIE a envie d'éclater de rire, elle fait croire qu'elle pleure)
BÉATRICE : *(Prends KARINE par le bras vers l'avant-scène)* KARINE, prends soins de tantine, nous te la confions. Elle est si fragile, va-t-elle supporter la solitude ?
KARINE : Oh que OUI !
BÉATRICE : Ah OUI ?
KARINE : OUI ! Je vais m'occuper d'elle, sois sans crainte. *(Beatrice et LUCETTE sortent, KARINE regarde par la fenêtre Marie reste assise)* Ils sont partis ! Ils sont quand même gentils d'être venus vous voir !
MARIE : De la part de ma nièce, cela me touche ! Mais des autres chacaux….
KARINE : Chacal ! Un chacal, des chacals !
MARIE : Tu en es certaine !
KARINE : Certaine ! J'ai toujours était bonne en orthographe !
MARIE : *(Se levant)* Mais non, qu'ils sont partis !
KARINE : *(Toujours à la fenêtre)* Oui, *(Se moquant)* L'automobile a tourné le coin de la rue !
MARIE : *(Levant les yeux au ciel)* le testament! Je savais que c'était une rapide ! Mais à ce point-là !
KARINE : Vous n'avez rien à craindre ! Vous étiez sa femme !
MARIE : Rien à craindre ? Nous nous disputions tous les jours, tu es bien placée pour le savoir non ? Si cela se trouve, c'est elle qu'il a couché sur son testament ! Le con !
KARINE : Ah, bon ? Donc, il y a un bien un héritage ?
MARIE : Dis donc ! Tu ne vas pas jouer la buse toi aussi ! Prépare-moi plutôt un petit goûter ! J'ai un creux !
KARINE : Mais la prière ?
MARIE : Nous prions le mois prochain, ça ira bien !
KARINE : *(En servant le café)* Déshériter sa femme ! Ce n'est pas Dieu possible ! Zut ! Il n'y a plus de lait……je vais en chercher à la réserve ! *(Elle sort vers la réserve)*
MARIE : *(En mettant deux sucre dans sa tasse)* Et un et deux et …..
Voix ADRIEN « Attention à ton diabète ! »
MARIE : *(Renversant tasse, tartines, sucre)* Cette fois j'en suis certaine ! C'est toi Adrien ?
Voix ADRIEN *(Voix caverneuse)* « Oui ! »
(MARIE s'évanouie, scène sombre)
(MARIE est allongée encore évanouie, KARINE, SIMONE et SOPHIE sont prêts d'elle)
SOPHIE : Que s'est-t-il passé KARINE ?
KARINE : Quand je suis revenue de la réserve avec le lait, je l'ai trouvée étendue là, sur le sol, alors je l'ai allongé sur le divan et je vous ai téléphoné ! Elle pèse la MARIE, du 38, mon œil !
SIMONE : Pardon ?
KARINE : Non rien ! Comment va-t-elle ?

SOPHIE : *(Lui prenant le bras)* elle ne va pas tarder à se réveiller. Rien de bien méchant, certainement l'émotion, elle doit avoir du mal à supporter le départ d'Adrien.
SIMONE : *(Septique)* Ça, ça m'étonnerais !
KARINE : Dites SOPHIE, elle n'arrête pas de répéter qu'elle entend sa voix.
SOPHIE : Elle se prend pour Jeanne d'ARC ?
SIMONE : *(Septique)* Moi qui la connais depuis sa varicelle, ça m'étonne d'elle.
(MARIE se réveille en sursaut)
MARIE : *(Prenant le bras de SOPHIE)* Adrien m'a parlé ! C'est bien sa voix que j'ai entendu !
SIMONE : *(Septique, regardant dans la tasse)* Tu mets quoi dans ton café ?
SOPHIE : Tu en es certaine?
MARIE : Certaine ! Quand j'ai demandé si c'était bien lui, il m'a même répondu d'une voix d'outre-tombe « OUI »
SIMONE : D'où il est c'est normal !
MARIE : *(Elle se lève et gesticule dans tous les sens)* Alors tu ne dis plus rien ? Cause-moi ! Je t'ordonne de m'adresser la parole ! Je vous jure qu'il m'a répondu ! OUI !
KARINE : Non !
MARIE : Non ? Oui !
KARINE : *(Faisant assoir MARIE)* Non, je veux dire asseyez-vous.
MARIE : J'étais en train de sucrer mon café et il m'a dit…..« Attention à ton diabète ! »
SOPHIE : Il a raison, ce n'est pas bon le sucre….
SIMONE : C'est vrai ça, ce n'est pas bon le sucre pour le diabète !
MARIE : *(Bondissant, en colère)* Vous avez fini, de prendre sa défense !
SOPHIE : Calme-toi MARIE ! Je vais te faire préparer des calmants, cela va te soulager, et tu n'entendras plus cette voix !
MARIE : Dis-moi SOPHIE ! Il est bien mort ?
SOPHIE : Oui !
KARINE : Oui ! Oui !
SOPHIE : Bien sûr que oui ! Le Docteur Simon me l'a confirmé, il est même venu à la pharmacie pour m'acheter tout ce qu'il fallait pour la mise en bière !
SIMONE : *(Sortant son mouchoir)* Quel triste sort ! Lui qui n'aimait que le vin !
SOPHIE : *(Gribouillant sur un bout de papier)* KARINE, tu iras chercher ça à la pharmacie, de ma part ?
KARINE : D'accord !
SOPHIE : *(S'adressant à MARIE)* Bon, maintenant, tu vas monter te reposer. *(MARIE monte se coucher)*
KARINE : *(Regardant le papier)* J'y comprends rien !
SOPHIE : T'inquiète ! Ma préparatrice comprendra !
(Karine sort)
SOPHIE : Bon, je vais en profiter pour passer voir Berthe, elle ne va pas bien du tout.
SIMONE : Elle aussi entend des voix ?
SOPHIE : Non ! Elle ne se remet pas du départ d'Edmond.

SIMONE : C'est vrai que ça a été brutal, il n'a pas dû se voir partir.
SOPHIE : Ah si, justement, le Docteur Simon m'a raconté que son lit de mort était juste en face de l'armoire à glace. Allé je file !
(SOPHIE se dirige vers la porte)
(On sonne, SOPHIE ouvre, FRANÇOIS entre, MARIE revient sur scène)
SOPHIE : MARIE ! Tu n'es pas raisonnable ! Je t'ai dit d'aller te reposer !
FRANÇOIS : Bonjour la Simone ! *(A Marie)* Tu es fatiguée ?
MARIE : *(Moqueuse)* Non ! Tu vois bien ! Je suis en pleine forme.
SOPHIE : *(Avant de sortir)* Et reposes toi ! C'est un ordre !
FRANÇOIS : Tu n'as pas l'air dans ton assiette, rien de grave ? Tu as besoin de médicament ?
MARIE : KARINE s'en occupe !
FRANÇOIS : Tu es toute pâle ! Comme si tu avais vu un revenant.
SIMONE : Tout juste ! Pour l'instant elle a le son mais pas l'image !
FRANÇOIS : Explique-toi, je ne comprends rien !
SIMONE : Figures-toi que depuis hier Adrien lui cause !
FRANÇOIS : Adrien te parle de l'au-delà ? Il s'est transformé en fantôme ?
SIMONE : Logique, il est mort et lui parle ! Donc c'est un fantôme !
MARIE : Oui, c'est ça, il a du se transformer en fantôme, en zombie ou un truc dans ce genre! Mais une chose est certaine, c'est qu'il est mort et c'est bien sa voix que j'ai entendue, à trois reprises.
FRANÇOIS : *(Inquiet)* Tu crois qu'il est au courant pour nous deux ?
SIMONE : Pour vous deux ?
FRANÇOIS : *(Inquiet)* Oui ! Il sait que je suis amoureux de toi ! Et ça le fait se retourner dans sa tombe !
MARIE : *(Faisant des gestes et riant)* Tu parles ! J'ai pris le cercueil le plus court, le plus étroit, une vraie boîte à sardines ! Bref le moins cher ! Alors pour se retourner, il va avoir du mal !....... Et puis d'abord, il ne s'est rien passé entre nous !
FRANÇOIS : *(Macho)* Pas encore !
(Voulant l'embrasser, MARIE le repousse)
SIMONE : Rapide le Francois!
FRANÇOIS : Marie, ne repousse pas mon amour ! Ma douce ! Ma tendresse, mon petit chat, mon sucre d'orge….
SIMONE : Ah non ! Pas le sucre, Ce n'est pas bon pour ce qu'elle a !
FRANÇOIS : Bon, d'accord, pas le sucre d'orge, embrasses-moi !
MARIE : *(Le repoussant)* Arrête ! Je suis certaine qu'il nous regarde !
FRANÇOIS : *(Apeuré et regardant dans toute la pièce)* Tu as raison, je sens sa présence ! Alors il s'est bien transformé en fantôme ! *(D'une voix penaude)* Adrien ? *(Inquiet)*
MARIE : *(Inquiète)* C'est affreux ! Il pourrait me persécuter le restant de mes jours !
FRANÇOIS : Pourquoi veux-tu qu'il te percute ?
MARIE : Persécute ! Pourquoi ? Avec les saloperies que j'ai dites sur son compte depuis son enterrement, il ne va pas me rater !
FRANÇOIS : Ah, tu as été médisante?

SIMONE : Médisante ? C'est le moins que l'on puisse dire !
FRANÇOIS : Te connaissant ! Comme tu n'as pas ta langue dans la poche je le comprends !
MARIE : Que dois-je faire ?
SIMONE : Il faut faire venir un exorciste !
FRANÇOIS : Un quoi ?
SIMONE : un exorciste !
FRANÇOIS : Ah oui, ces personnes qui sont capables en faisant des prières et des incantations d'assainir une maison et de la débarrasser des esprits frappeurs qui la hantent ! Car Adrien pourrait bien t'en vouloir terriblement ! Jusqu'à la mort !
SIMONE : *(Rigolarde)* Je lui souhaite bien du courage à l'exorciste ! Avec un spécimen comme Adrien ! Ce n'est pas gagné !
MARIE : Et quand je serais morte, il me réglera mon compte là-haut, une deuxième fois. Ah non ! Il faut que je me débarrasse de lui définitivement !
SIMONE : J'en connais un moi d'exorciste. *(Elle se dirige vers la sortie)*
FRANÇOIS : Je t'accompagne Simone, nous ne serons pas trop de deux pour le convaincre ! *(Ils sortent)*
MARIE : Eh Bien, il ne manquait plus que ça, faire venir un « exercice » !
Voix ADRIEN « Un exorciste, andouille ! »
MARIE : Ah je ne suis pas folle…..c'est bien toi qui me cause ! Et d'abord soit poli ! Andouille toi-même ! Et…que veux-tu ?
Voix ADRIEN « Depuis mon départ, tu n'as pas été très aimable à mon égard! »
MARIE : Et toi de ton vivant, tu l'as été aimable. De toute façon, cela n'a pas d'importance, bientôt un exor…machin va me débarrasser de toi.
Voix ADRIEN « Il n'y arrivera pas, nous allons bien rigoler ! » *(Rire caverneux)*
MARIE : *(apeurée)* Ne ris pas comme ça, tu me fais peur !
Voix ADRIEN « Ce n'est que le début ! » *(Rire caverneux)*
MARIE : *(En colère)* Et d'abord, si tu étais courageux ! Tu te montrerais !
Voix ADRIEN « Un fantôme ne se montre que la nuit »
MARIE : *(Inquiète)* Ah ? Et que vas-tu faire de tes nuits ?
Voix ADRIEN « Tu verras, ce sera la surprise……. ma chérie ! » *(Rire caverneux)*
MARIE : *(En colère)* Ne m'appelle pas ma chérie ! Tu ne m'as jamais appelé chérie en 20 ans de mariage, pfffff N'importe quoi.
Voix ADRIEN « Justement je me rattrape, à cette nuit…….. Ma chérie » *(Rire caverneux)*.
(Marie s'enfuit vers les chambres)
KARINE : *(KARINE entre)* Voilà, il manque juste le paracyguolophrène bysmu truc. Enfin un nom comme ça….des pilules quoi, J'y retournerais demain Il faut prendre vos comprimés et vous…….. *(S'apercevant que MARIE n'est plus là)* Elle a dû monter se coucher! *(MARIE rempli un verre d'eau et monte)* MARIE ?
(FRANÇOIS entre)
FRANÇOIS : MARIE ! *(Inquiet)* Adrien ?
(Il regarde sous la table)
FRANÇOIS : Rien sous la table !

(Il ouvre un placard à balais)
FRANÇOIS : Rien ici !
(Il s'assoit)
FRANÇOIS : Un fantôme ! MARIE déraille complètement ! Les fantômes n'existent pas ! *(Se moquant)* Elle a inventé cette histoire pour m'éloigner d'elle ! Je suis certain qu'elle est follement amoureuse de moi !
FRANÇOIS : Hou ! Hou ! Adrien ?
(Se levant et d'un air arrogant)
FRANÇOIS : Montre-toi si tu es un homme ! Enfin un fantôme !
(KARINE entre pendant que FRANÇOIS et à quatre pattes sous l'évier)
FRANÇOIS : Tu te caches peut-être par-là ? *(Il frappe sur le siphon de l'évier)* Allé ! Sort de là ! Où je démonte le siphon !
KARINE : *(Imitant Adrien)* Il y a une fuite ?
(Il se cogne en se relevant)
FRANÇOIS : Adrien !!! *(Voyant KARINE)* Ah ! KARINE ! Tout va bien ! Vous avez apporté les médicaments à MARIE ?
KARINE : Oui ! C'est fait elle doit dormir comme une masse, j'ai triplé la dose !
FRANÇOIS : Ça m'étonnerait !
KARINE : Mais si Madame SOPHIE l'a dit !
FRANÇOIS : Non ! Cela m'étonnerait qu'elle se contente de somnifères ! Ce n'est pas ça qu'il lui faut !
KARINE : Et c'est quoi qu'il lui faut ?
FRANÇOIS : *(Roulant les mécaniques)* Un homme ! Un vrai ! Un male quoi !
KARINE : Vous par exemple !
FRANÇOIS : *(Roulant les mécaniques)* OUI ! Je suis fort, beau, j'ai de l'argent ! Et je n'ai pas peur des fantômes !
KARINE : Pour cela, il faudrait que Marie soit amoureuse de vous !
FRANÇOIS : *(Roulant les mécaniques)* Elle est amoureuse de moi ! Mais elle ne le sait pas encore ! Bientôt elle viendra vivre à la ferme et je pourrais la mettre aux champs ! C'est le moment de lui déclarer ma flamme
KARINE : *(Regardant dehors avant de le mettre dehors)* c'est bon, il n'y a pas de vent ! Votre flamme ne risquera pas de s'éteindre ! Allez ! Dehors ! *(KARINE entend du bruit derrière la porte. Elle va près de la porte des chambres sur la pointe des pieds et ouvre la porte d'un seul coup ! MARIE a l'oreille collée à la porte)* Vous pouvez vous montrer Il est parti ! *(MARIE sort)* Avec trois Lexomil ! Vous ne dormez pas ?
(MARIE ouvre sa main et montre les trois comprimés)
KARINE : C'est malin ! A quoi ça sert que j'aille en courant à la pharmacie ?
MARIE : A faire du sport ! *(Regardant par la fenêtre)* Exit le prétendant ! Maintenant je dois régler le cas Adrien!
KARINE : Pas simple ! Si c'est vraiment un fantôme !
MARIE : Pas simple ! Pas simple ! Tu t'y connais-toi, en fantômes ?
KARINE : Grand Dieu non ! Je ne fréquente pas les ectoplasmes.
MARIE : *(Riant de bon cœur)* C'est marrant ça comme mot, faudra que je pense à lui dire à l'autre la haut qui se prend pour GASPER ! *(Jetant les cachets dans la poubelle)*

KARINE : Ectoplasme ! J'ai lu un bouquin à ce sujet, les fantômes se chassent avec des paroles et des sentiments tendres. Plus vous serez gentille avec lui, plus vite il quittera cette maison.
MARIE : Tu en es certaine ?
KARINE : Absolument ! Je vais aller chercher mon livre, vous verrez bien que j'ai raison.
MARIE : C'est ça ! Et en passant, n'oublie pas de prendre le pain, le journal et prendre rendez-vous chez le coiffeur, j'ai besoin de me refaire une beauté ! Et passe la commande de viande à la Suzanne !
KARINE : Et vous ! N'oubliez pas de raccrocher votre pétoire ! Je n'aime pas vous voir avec cet engin dans les mains. *(Elle sort)*
MARIE : *(MARIE pose le fusil sur la table et se prépare un café).* Des paroles et des sentiments tendres ! Il manquait plus que ça !
Voix ADRIEN « Bien dormi….. Chérie ? »
MARIE : *(Furieuse).* Je t'ai déjà dit de ne pas m'appeler ma chérie….. *(Très douce)* Et toi mon trésor ?
Voix ADRIEN « Tu sais bien que je n'ai plus besoin de dormir ! »
MARIE : Ah oui c'est vrai. C'est toi qui a retiré les cartouches ?
Voix ADRIEN « Oui ! Je ne voulais pas que tu te blesses, même si je sais que ces cartouches m'étaient destinées, n'est-ce pas ? »
MARIE : *(Gênée).* Oui, mais, mets-toi à ma place….
Voix ADRIEN « J'aimerai bien…. »
MARIE : Comme tu m'avais dit que tu viendrais chaque nuit me faire une surprise…
Voix ADRIEN « Une surprise n'est pas forcément désagréable… »
MARIE : Venant de toi, cela me surprendrais…
Voix ADRIEN « Attends de voir avant de juger ! »
(On sonne à la porte, MARIE cache le fusil)
Voix ADRIEN « A tout à l'heure….. Ma chérie ! »
MARIE : *(Gênée).* A tout à l'heure……trésor.
(MARIE ouvre, FRANÇOIS et SIMONE entre).
FRANÇOIS : J'ai une très bonne nouvelle pour toi MARIE, nous avons rencontré le PÈRE GABRIEL.
SIMONE : *(S'asseyant et brandissant sa canne)* Ca n'a pas été facile de le convaincre !
FRANÇOIS : Oui, après quelques négociations, Simone a su le décider de venir pour qu'il anéantisse ce mauvais esprit.
MARIE : *(Inquiète).* Comment ça l'anéantir ?
FRANÇOIS : *(Faisant des gestes avec ses mains).* Oui avec ses prières et son crucifie, il va le réduire à néant et le mettre dans une petite bouteille *(Il ricane d'un air sadique).*
SIMONE : *(Inquiète)* Dans une bouteille ? Il ne rentrera jamais ! *(Mimant)* Bien trop gros !
FRANÇOIS : *(Haussant les épaules).* Pas lui ! Son esprit ! Il va le pulvériser, le réduire en poussière ! L'A…NE…AN…TIR. ! Tu entends ?
MARIE : *(Inquiète).* Il ne faut peut-être pas en arriver là ?
FRANÇOIS : Tu veux te débarrasser de lui ? Oui ou non ?

MARIE : *(Inquiète).* Oui, juste m'en débarrasser, ton curé peut peut-être lui demander gentiment de changer de résidence !
FRANÇOIS : Je vais lui dire qu'il vienne dès que possible.
SIMONE : *(Se levant et brandissant sa canne)* Je t'accompagne, des fois qu'il change d'avis ! *(Ils sortent)*
MARIE : *(Inquiète).* Adrien ?
Voix ADRIEN « Oui. »
MARIE : *(Inquiète).* Tu as entendu ? Le curé arrive….pour te régler ton compte.
Voix ADRIEN « Oui, j'ai entendu, ne sois pas inquiète, je ne suis pas un mauvais esprit, il ne m'arrivera rien. Sois tranquille ! »
(On sonne, MARIE va ouvrir, LUCETTE accompagnée de BÉATRICE, CHARLES et PIERRE entrent)
MARIE : *(Heureuse de faire la bise à BÉATRICE)* bonjour ma chérie ! *(Désabusée de voir LUCETTE)* Ca faisait longtemps !
BÉATRICE : *(Inquiète).* Comment vas-tu tantine ?
MARIE : Bien !
CHARLES : J'ai préférais laisser la voiture au parking de l'hôtel, là au moins elle ne risque rien.
MARIE : Mais dites-moi les enfants, toujours célibataires ? Papa et maman doivent désespérer d'être grands-parents !
LUCETTE : *(Vexée)* Ils ont bien le temps !
MARIE : Quel âge ça te fait Béatrice ? Bien la trentaine !
BÉATRICE : *(Gênée)* Euh, non Quarante !
MARIE : Et toi Pierre ?
PIERRE : Quarante-deux !
MARIE : *(riant)* C'est bien ce que je dis, ça urge !
CHARLES : *(Irrité)* Nous ne sommes pas venus parler de l'avenir sentimental des enfants !
LUCETTE : Charles à raison ! Une question me taraude l'esprit !
MARIE : *(Moqueuse)* tant que c'est l'esprit qu'elle te taraude !
LUCETTE : Es-tu au courant du testament d'Adrien ?
MARIE : *(Perturbée)* Oui ! Evidemment ! Pourquoi cette question ?
LUCETTE : Comme nous en parlions avec Charles, nous pensons que tu devrais céder une partie des terres et de l'exploitation ! N'est pas Amour ?
CHARLES : *(Mielleux)* Lucette a raison, il faut que tu te cèdes une grande partie des terres…..
MARIE : A qui ?
LUCETTE : *(Enervée)* Ben à moi, enfin à nous !
BÉATRICE : Ah bon ?
LUCETTE : *(Enervée)* Reste en dehors de ça veut-tu ?
PIERRE : Les parents ont raison, reste en dehors de ça tu veux!
MARIE : Mais je suis tout à fait capable de gérer l'exploitation toute seule !
LUCETTE : *(Ironique)* Il me semble qu'Adrien m'avait fait comprendre que….enfin promis que …..J'aurais………..

MARIE : *(Furieuse)* Je ne sais pas ce qu'Adrien t'a fait comme promesse mais j'ai besoin d'y voir clair !
CHARLES : *(Insistant)* Mais la situation est très claire !
PIERRE : On ne peut plus claire !
CHARLES : Bon, ne nous énervons pas !
(Simone entre)
MARIE : *(Furieuse)* J'ai horreur qu'on me force la main !
CHARLES : *(Insistant)* Il faudra bien l'ouvrir ce maudit testament !
PIERRE : Oui ! Il faudra bien !
BÉATRICE : Toi le perroquet ! Ça va !
PIERRE : *(En colère)* je ne veux que le bien de tantine !
BÉATRICE : Mais bon sang ! Foutez-lui la paix !
LUCETTE : *(Menaçante)* Toi ! Surveille ton langage, petite merdeuse !
SIMONE : La famille au grand complet ! Et si heureuse de se retrouver !
LUCETTE : *(Fière et vexée)* Nous parlerons de ça plus tard! *(Ouvrant la porte et faisant signe du bras, mais elle oubli son sac sur une chaise)* Allé !
CHARLES : *(Penaud)* Bien bibiche ! *(Autoritaire)* Vous avez entendu votre mère !
PIERRE : *(Imitant son père)* Tu as entendu Béa !
BÉATRICE : *(Sortant en traînant les pieds et en se moquant)* Oui coco !
(Ils sortent, Lucette claque la porte)
SIMONE : J'ai toujours pensé que Lucette manquait de tact !
MARIE : Ils me fatiguent, avec cette histoire de testament !
(MARIE est assise devant un café. Le PÈRE GABRIEL entre comme une tornade un gros bandage sur la tête)
PÈRE GABRIEL : Ma fille, j'ai fait aussi vite que j'ai pu ! Tu as devant toi le prêtre exorciste le plus compétent dans le domaine *(Se tenant la tête)* et devant l'insistance de Simone, je suis venu m'occuper de ce phénomène je.....
SIMONE : *(Moqueuse)* Phénomène ? Adrien n'a jamais été un phénomène ! Certainement pas !
PÈRE GABRIEL : Admettons ! C'est dans cette pièce que cet esprit malin se manifeste ?
SIMONE : *(Rigolarde).* Malin? Il n'a pas inventé le fil à couper le beurre non plus !
(KARINE entre avec son bouquin à la main).
KARINE : Tiens ! Monsieur le curé ! Que faites-vous là ?
(Gabriel commence à gesticuler comme s'il entrait en transe)
MARIE : *(Effrayée).* Oh là ! Je ne veux pas voir ça ! *(Elle monte)*
PÈRE GABRIEL : Je viens, par la grâce de Dieu tout puissant, nettoyer, cette maison.
KARINE : *(Regardant le sol)* Pas la peine, j'ai passé monsieur PROPRE hier soir !
SIMONE : *(Regardant le sol)* C'est vrai que c'est nickel ! Tu devrais venir faire un tour chez moi !
(Lucette et Béatrice entrent)
LUCETTE : Que se passe-t-il ici ?
PÈRE GABRIEL : *(Enervé)* Il y a trop de monde ! Que faîtes-vous là ?
LUCETTE : j'ai oublié mon sac ! Et vous ?

SIMONE : *(Moqueuse)* Le curé veut exorciser cette maison !
BÉATRICE : La maison est hantée ? Chic !
LUCETTE : Comment-ça hantée ?
PÈRE GABRIEL : *(Toujours en transe)* Bon, je reprends, mais gardez le silence ! Il n'y aura plus de place pour toi ici, esprit du mal ! Tu dois retourner dans l'au-delà et ne plus importuner cette brebis que le seigneur protège dans sa bonté céleste !
SIMONE : *(Voulant rire)* Marie une brebis ! Pourquoi pas la chèvre de Monsieur SEGUIN !
PÈRE GABRIEL : *(Toujours en transe)* Une brebis qui t'a toujours aimé et qui demande à vivre en paix ! Après ma prestation de purification……
KARINE : *(Moqueuse et le levant le doigt)* J'ai aussi passé la javel sur le sol !
PÈRE GABRIEL : *(Toujours en transe)* MARIE sera en paix dans sa maison ! Je ferai en sorte que plus jamais tu ne l'importune ! Et tout cela que pour la modique somme de 500 francs…….
KARINE : *(Etonnée)* 500 Francs !
Voix ADRIEN « Fichtre ! C'est du vol ! » *(GABRIEL fait un bond)*
BÉATRICE : *(Regardant au plafond)* Tonton ?
LUCETTE : Adrien ?
SIMONE : *(Se levant)* Nom d'une pipe ! C'est donc bien toi qui cause !
Voix ADRIEN « Et oui la Simone ! »
(Lucette se jette sous la table)
SIMONE : *(Se rasseyant)* Contente de t'entendre vieux gredin !
Voix ADRIEN « Moi aussi vieille peau ! »
SIMONE : Toujours aussi aimable !
Voix ADRIEN « Comme toi ! »
SIMONE : Dis-donc en parlant d'argent tu t'es barré comme un voleur !
Voix ADRIEN « De quoi tu parles ? »
SIMONE : ben les deux lapins et le poulet ! J'attends toujours que tu me règle !
Voix ADRIEN « Ah oui ! Les deux lapins OK, mais ton poulet était immangeable ! »
PÈRE GABRIEL : *(Exaspéré)* Je ne vous dérange pas là ? Je disais que pour 500 Francs, j'allais vous débarrasser de ce mauvais esprit.
Voix ADRIEN « Et moi je disais : Fichtre ! C'est du vol ! »
SIMONE : Oui, c'est vrai que ça fait cher !
LUCETTE : *(Dépassant la tête de la table)* Mais tu es où Adrien ?
Voix ADRIEN « Ben là-haut! »
LUCETTE : Oh, je n'aime pas ça ! *(Tirant Béatrice par le bras)* Cache toi Béatrice !
BÉATRICE : *(Se dégageant)* Non ! C'est trop marrant ! J'adore les histoires de fantômes.
PÈRE GABRIEL : *(En colère)* Je peux continuer là ?
SIMONE : Vas y déroule !
Voix ADRIEN « N'empêche que 500 francs, c'est du vol ! »
KARINE : Je suis d'accord avec vous Adrien !
PÈRE GABRIEL : *(En sortant son attirail)*. Mais c'est pour les bonnes œuvres !
KARINE : *(Moqueuse)* Les bonnes œuvres ? Ben voyons !

(Le curé sort son encens et le secoue, brandit le crucifie vers le plafond, baragouine en latin, c'est à cet instant que Suzanne, la bouchère, entre avec un gros plat de viande et de saucisses qui pendent du plat)

PERE GABRIEL : *(En criant et en montrant la porte sans voir Suzanne)* Oh ! Toi, je t'ordonne de quitter cette demeure et de retourner d'où tu viens !

SUZANNE : *(Au bord des larmes)* Gabi ? Que fais-tu là ? Et pourquoi tu me parles comme ça ?

PERE GABRIEL : *(Il se retourne)* Suzon ? Heu…Suzanne, que faîtes-vous ici ?

SUZANNE : *(Au bord des larmes)* Ben je viens livrer la viande !

SIMONE : Mon père ! Reprenons !

KARINE : Oui, c'est ça, reprenons !

PERE GABRIEL : Oh ! Toi esprit du mal, je t'ordonne de quitter cette demeure et de retourner d'où tu viens, c'est-à-dire des ténèbres.

Voix ADRIEN : « NON ! »

PERE GABRIEL : Pourquoi NON ?

SUZANNE : Gabi ! C'est qui, qui cause ?

PERE GABRIEL : Vas-t-en esprit maléfique !

Voix ADRIEN : « NON ! Je suis très bien ici ! »

SUZANNE : Gabi ! C'est le diable?

PERE GABRIEL : Mais non ! Ta place n'est plus ici va-t'en suppo de Satan !

Voix ADRIEN : « Suppo toi-même ! »

(Simone rigole)

PERE GABRIEL : Simone ! Ce travail d'exorcisme demande une très grande concentration ! Et du silence !

SIMONE : *(Moqueuse)* A 500 balles la séance ! On peut bien se marrer un peu non ?

Voix ADRIEN : « C'est carrément du vol oui! »

PERE GABRIEL : Comment oses-tu traiter un homme d'église de voleur? Dévoué corps et âme au seigneur et à ses fidèles.

SUZANNE : *(Amoureuse, nunuche, serrant très fort la viande dans ses bras)* Oh oui, pour être dévoué, il est dévoué !

Voix ADRIEN : « Surtout avec la femme du boucher»

SUZANNE : Oh Gabi, il parle de moi !

PERE GABRIEL : Suzanne ! Tais-toi !

SIMONE : Ah, parce que vous et Suzanne…… ?

SUZANNE : *(Amoureuse, nunuche, serrant très fort la viande dans ses bras)* Oui, depuis 6 mois et 10 jours, il est si beau, si parfait, si attentionné……

PERE GABRIEL : Ne l'écoutez pas, cet esprit essaie de nous emmener sur un chemin tortueux et semé d'embuches qui mène directement en enfer.

SUZANNE : *(Naïve)* Mais non Doudou, il doit parler du chemin qui mène derrière l'église.

SIMONE : Derrière l'église ?

BEATRICE : Que se passe-t-il derrière l'église ?

LUCETTE : *(Tirant le bras de Béatrice)* Béa, tu es trop jeune pour ça !

PERE GABRIEL : *(Gêné)* Rien… Rien, que voulez-vous qu'il s'y passe ?

Voix ADRIEN : « Faut demander à Suzanne ! »
SUZANNE : *(Toute contente de raconter son histoire)* Et bien chaque Dimanche, après la messe Gabi et moi….
PERE GABRIEL : *(La menaçant avec le crucifie)* Suzanne tais-toi !
SIMONE : Mais non Suzanne continue, ça devient intéressant ! Et n'oublies pas les détails, j'adore les détails !
SUZANNE : *(Elle commence à s'exciter)* on va derrière l'église….. Dans la serre……. et alors là………. au milieu des géraniums et du persil…..
PERE GABRIEL : *(En colère)* Suzanne ! Contrôle-toi tu veux ?
SUZANNE : *(Vexée)* Contrôle-toi, contrôle-toi ! Ce n'est pas ce que tu me dis quand je commence à me déshabiller ! *(Lui tirant l'oreille)* Grand coquin ! Tu te rappelles, *(Encore plus excitée)*….
PERE GABRIEL : *(gêné)* Non !
SIMONE : Moi, non plus ! Raconte !
SUZANNE : *(Encore plus excitée)* Une fois on a fait la chose entre les pieds de tomates……quel pied !
KARINE : Le cochon !
SUZANNE : *(Soulevant la viande)* Ah zut ! J'ai oublié d'en mettre !
SIMONE : Dites-donc ce n'est pas très catholique tout ça mon père !
PERE GABRIEL : *(Très gêné)* Qu'allez-vous imaginer ? Il ne s'est rien passé du tout….Suzanne divague, fantasme…..
Voix ADRIEN : « Menteur ! C'est toi qui va quitter cette maison et au trot ! »
KARINE : *(Remballe tout l'attirail du curé)* Allé ! Oust ! L'ange Gabriel ! Vous êtes attendu par le grand chef *(signe vers le haut)* pour vous confesser !
(Le curé sort précipitamment)
SUZANNE : *(Sortant)* Attends-moi mon doudou !
KARINE : Suzanne! La viande !
SUZANNE : *(revenant)* Où avais-je la tête ! *(Elle donne le plat à Marie)* Oh ! Quelle histoire, je suis toute retournée, la soutane, ça m'excite de trop! Vivement Dimanche ! *(Elle sort)*
PERE GABRIEL voix OFF: Cette maison sera à tout jamais possédée par le démon !
LUCETTE : *(Qui la scène à 4 pattes)* Quand je vous disais que ça aller mal tourner !
BÉATRICE : Attends maman, c'est moi qui ai les clefs de la chambre ! *(En sortant)* A plus tonton !
(KARINE, SIMONE et Adrien rigolent de bon cœur, KARINE ouvre la porte, MARIE écoutait derrière la porte, elle entre)
MARIE : Je ne peux pas m'empêcher d'écouter aux portes ! Dis-donc, comment savais-tu pour cette histoire de femmes infidèles ?
Voix ADRIEN « Tout le village le sait, sauf le boucher, et toi visiblement !»
MARIE : Au fait ! L'esprit pas malin ! J'ai deux mots à te dire au sujet de ta sœur !
KARINE : *(Penaude)* Bon ! Je vous laisse ! *(Elle sort)*
SIMONE : *(Se levant)* Oui ! Ça sent le roussi ! *(Elle sort)*
MARIE : Pourquoi LUCETTE est-t-elle pressé d'ouvrir le testament ? *(Silence)* Adrien ?

(Silence) (Vers le public) Ah les hommes, tous pareils, dès qu'on pose des questions embarrassantes ! C'est silence radio !
(Rideau se ferme, scène vide, KARINE entre avec son petit bouquin)
KARINE : *(En criant en direction de la chambre)* MARIE ?
(BÉATRICE entre)
BÉATRICE : Bonjour KARINE, tantine est levée?
KARINE : Bonjour BÉATRICE ! *(Regardant sa montre)* Elle ne devrait pas tarder à descendre. Où est ta mère ?
BÉATRICE : Elle va arriver ! Elle n'a pas fermé l'œil de la nuit ! Elle disait que Belzebuth était perché sur l'armoire !
KARINE : Belzebuth ?
BÉATRICE : Elle m'a dit qu'il était poilu, avec une fourche, des yeux rouges, deux cornes, et un string léopard !
KARINE : Elle n'a pas plutôt confondu avec le chanteur du splendide ? *(elle chante)* OUIIIII ! Je suis Belzebuth, je suis un bouc je suis en rut, horreur ! Malheur !
BÉATRICE : En tout cas, on s'est bien marré hier soir !
KARINE : Oui ! Enfin pas tous !
(LUCETTE entre)
KARINE : Bonjour Lucette ! Où sont Charles et Pierre ?
LUCETTE : Ils vont arriver, ils nettoient la voiture !
KARINE : Encore !
MARIE : *(Voix OFF)* J'arrive, la buse ne va plus tarder !
LUCETTE : La buse ?
KARINE : *(Rattrapant le coup)* Oui, elle veut parler d'une nouvelle voisine, qui vient de s'installer, MARIE l'a invité à venir boire un café…pour faire connaissance et tromper son ennui.
BÉATRICE : C'est une très bonne idée, tantine doit se changer les idées.
LUCETTE : Et puis vous ne serez pas toujours là KARINE.
KARINE : Ah bon ! Pourquoi ça ?
BÉATRICE : Maman !
LUCETTE : S'il vous arrivez la pire des choses, ma belle-sœur se retrouvait seule tandis qu'avec cette nouvelle voisine….. !
KARINE : Merci ! Vous êtes trop aimable.
(MARIE descend)
(BÉATRICE lui fait la bise)
BÉATRICE : Comment vas-tu tantine ?
MARIE : *(Voix dramatique)* Je survie !
LUCETTE : KARINE nous disait que tu as une nouvelle voisine ?
BÉATRICE : C'est heureux que tu te fasses de nouveaux amis ?
MARIE : *(Surprise)* Une nouvelle voisine ?
KARINE : Vous savez bien, madame LABUSE ! Elle vient d'aménager au bout de la rue.
MARIE : *(KARINE fait des signes de la tête à MARIE)* Ah…oui, elle est bien brave cette buse-là ! Enfin madame LABUSE !

Je ne suis pas folle ! Les médicaments ne serviront à rien ! Car je viens de discuter avec lui et il va venir la nuit pour se venger de toutes les saloperies que j'ai dites sur son compte.
KARINE : Je vous l'avais dit ! Il ne fallait pas parler de lui ainsi.
(Le rideau tombe)
J1-23h59
(C'est la nuit. MARIE entre en scène pour s'attabler, un coussin sous le bras et un fusil de chasse dans l'autre main, elle est en robe de chambre avec un bonnet de nuit sur la tête. Elle pose le coussin sur la chaise, pose le fusil sur la table et s'assoit en ouvrant la revue. On entend les 12 coups de minuit à l'horloge, et une chouette. L'éclairage scène n'est que sur MARIE et la table, le reste de la scène doit être sombre)
MARIE : A nous deux GASPER !
J2-2h59
(Quelques secondes puis noir sur la scène afin que MARIE ait le temps de changer de position quand la lumière revient elle dort affalée sur la table sur son coussin, on entend sonner 3h à l'horloge)
J2-6h59
(A moitié endormie) Alors, montre-toi cataplasme !
(Quelques secondes puis noir sur la scène afin que MARIE ait le temps de changer de position quand la lumière revient elle est carrément allongée sur la table, elle dort profondément on entend sonner 7h à l'horloge et la lumière du jour arrive progressivement. MARIE entre et touche l'épaule de MARIE)
MARIE : *(MARIE fait un bond et tombe de la table)* Adrien !
KARINE : Mais enfin MARIE, que faites-vous allongée sur la table avec ce fusil ?
MARIE : J'attendais Adrien ! Mais le lâche n'est pas venu.
KARINE : Ça devient une obsession ! Allez-vous reposer ! *(MARIE se dirige vers la porte en le faisant traîner le fusil sur le sol)* Et donner moi ça, je vais le ranger.
MARIE : Certainement pas ! Je pourrais en avoir besoin, si ça se trouve, c'est une ruse de sioux et il m'attend là-haut ! *(Elle vérifie s'il est chargé)* Nom d'une pipe ! Il a profité de mon léger assoupissement pour retirer les cartouches !
KARINE : Il a bien fait !
MARIE : Tu lui donnes raison alors ?
KARINE : Oui, ça prouve que vous comptez pour lui et il ne veut pas qu'il vous arrive quoi que ce soit.
MARIE : *(Haussant les épaules)* C'est surtout qu'il a peur de se prendre un coup de 12! Et d'abord je croyais que ces voix étaient le fruit de mon imagination ?
KARINE : Oui, vous avez raison, je dis n'importe quoi, vous avez du simplement oublier de le charger.
MARIE : Non ! Je me revois très bien mettre les deux cartouches ! Et de la chevrotine en plus.
KARINE : De toute façon, on ne chasse pas un fantôme avec un fusil ! Ni avec une épuisette.
MARIE : Je croyais que tu n'y connaissais rien en cataplasme !

KARINE : Je vais lui dire justement qu'elle passe un peu plus tard ! Pour le café. *(Elle sort)*
MARIE : *(Eclate de rire)* Ah ! J'ai compris…..La buse, comme le rapace !
BÉATRICE : Tu vas bien tantine ?
MARIE : *(Jouant la comédie)* C'est les nerfs…il faut que je me repose… (BÉATRICE l'aide)
BÉATRICE : Tu veux grignoter quelque chose ? Je vais te servir un verre d'eau !
MARIE : *(Jouant la comédie)* Non ! Je prendrais juste un petit verre de vin, de temps en temps, j'aime bien prendre un peu de vin. *(Jouant la comédie)* Ça me donne des forces et le courage de continuer à vivre sans mon bien aimé.
LUCETTE : Du vin ?
(BÉATRICE cherche le vin)
BÉATRICE : Où est la bouteille tantine ?
(MARIE désigne un placard où il y plein de bouteilles)
BÉATRICE : *(Voyant les bouteilles)* Il doit te manquer beaucoup de force et de courage dis-donc! *(Elle sert MARIE)*
LUCETTE : Je voulais discuter avec toi de la suite….
MARIE : *(Buvant son verre cul sec)* La suite de quoi ?
BÉATRICE : *(Gênée)* Maman ! Crois-tu que ce soit le moment ?
LUCETTE : *(Menaçante)* OUI ! *(Faussement douce)* Seule, tu auras du mal à t'occuper de la propriété et des terres…. ! Sans un homme pour t'aider…..c'est mission impossible ! Adrien a dû en parler dans son testament !
BÉATRICE : Tu pourrais te remarier Tantine ?
LUCETTE : BÉATRICE ! Va voir dans le jardin si j'y suis ! *(BÉATRICE sort vexée)*
MARIE : Me remarier ? Jamais ! Et je ne sais pas où j'ai rangé le testament !
LUCETTE : Alors tu dois vendre les terres et la maison, oui, tout vendre…et avec Charles, nous nous occuperons de tout…de toi !
MARIE : Tu crois que c'est la bonne solution ?
LUCETTE : J'en suis certaine ! Allé, reposes-toi bien. Je repasserais plus tard, pour parler des formalités. *(Elle sort)*
KARINE : *(Entre)* LA BUSE passera demain.
MARIE : *(Dépitée)* Oui ! Je sais.
KARINE : Déjà ?
MARIE : *(Moqueuse)* Et repose-toi bien……nianianiania ! Je ne sais pas comment j'ai fait pour ne pas exploser ! Et la mettre dehors à coup de pied au cul !
KARINE : *(Rangeant le vin)* Vous avez bon cœur voilà tout !
MARIE : Je suppose que tu as raison.
KARINE : *(Prenant le balaie etc.)* Je vais faire le ménage à l'étage et un peu de rangement dans le grenier! *(Elle monte)*
MARIE Adrien ? Crois-tu qu'elle a raison, qu'il faut vendre ?
Voix ADRIEN « Non ! J'ai une bien meilleure idée, vas dans le secrétaire de la chambre, il y a une enveloppe cachée dans le livre de comptes et je vais t'expliquer ce que tu vas faire…… » *(Rideau tombe)*

Acte II

J3-16h
(C'est l'après-midi, MARIE est attablée, avec l'enveloppe dans la main)
Voix ADRIEN « Tu as bien compris ce que tu dois faire ? »
MARIE : Oui, mais crois-tu que ce soit la bonne solution, es-tu certain que je ne fais pas de bêtise ?
Voix ADRIEN « Tu verras, tout se passera bien. Maintenant, il faut que tu ailles, sans perdre de temps remettre cette enveloppe au notaire et en main propre ! »
MARIE : Très bien. *(Enfilant son pardessus)* Je peux te faire une confidence ?
Voix ADRIEN « Oui. »
MARIE : J'ai l'impression que depuis que tu n'es plus là, nous parlons beaucoup plus tous les deux, nous nous entendons mieux, plus de disputes.
Voix ADRIEN « Tu as raison, la vie est étrange, enfin la mort, il aura fallu mon départ pour que je comprenne que tu me manques. »
MARIE : Toi aussi tu me manques et je pense que je ne t'ai pas rendu heureux.
Voix ADRIEN « Et moi je n'ai pas dû faire ce qu'il fallait pour ton bonheur. »
MARIE : *(Sentant qu'elle va pleurer)* Il faut que je me dépêche. *(Avant de sortir)* Dis, tu me parleras toujours, jusqu'à ce que je te rejoigne ?
Voix ADRIEN : Oui !
MARIE : Très bien, cela dit, je ne suis pas pressée, le plus tard sera le mieux hein !
(Elle ouvre la porte et se retrouve nez à nez avec Charles et Pierre elle recule, tandis que Pierre et Charles entrent)
MARIE : *(Gênée, elle cache l'enveloppe dans son dos)* Charles ! J'allais sortir, je n'ai pas trop le temps.
CHARLES : Nous pouvons peut-être te déposer, *(Inquisiteur)* où allais-tu ?
MARIE : Je ne sais pas !
CHARLES : Comment cela tu ne sais pas ?
PIERRE : *(regardant dans le dos de Marie)* Tu allais peut-être à la poste ?
MARIE : Non ! *(regardant son enveloppe)* Enfin oui !
CHARLES : Et bien allons-y ! Ainsi tu monteras dans ma belle voiture !
(Simone entre sans se faire remarquer)
MARIE : Non ! Je vais marcher un peu !
CHARLES : Mais il pleut !
MARIE : Eh bien, je vais marcher un peu, sous la pluie !
CHARLES : *(Menaçant, la prenant par le bras)* Allé! Pas d'histoire ! Je t'emmène !
SIMONE : Puisse qu'elle vous dit qu'elle veut marcher !
CHARLES : *(Gêné)* Ah ! Simone, qu'elle belle surprise ! C'était juste pour rendre service ! *(Visiblement contrarié)* Pierre, on y va ! *(Ils sortent)*
SIMONE : Prends ton pépin Marie, je t'accompagne ! *(Elles sortent)*
(Le téléphone sonne, plusieurs sonneries)

KARINE : *(Entre par la porte du jardin avec des légumes)* Marie ! Marie ! Elle a dû sortir.
(Commençant à les éplucher, le téléphone sonne)
KARINE : Allo ! Bonjour Madame LUCETTE !……Marie ? Non, elle n'est pas là…. Quand ?……bon, comme vous voulez, à tout de suite alors. *(Elle raccroche)*
(KARINE retourne à ses légumes)
KARINE : Quelle histoire mon pauvre Gérard ! Si tu savais ? Madame MARIE qui se retrouve seule et sa belle-sœur qui en veut à ses biens ! Je me demande ce que la suite nous réserve. Si cette buse a gain de cause, MARIE ne va plus pouvoir me garder à son service. Que vais-je faire ? Moi qui ai passé tant d'années ici ! Je me sentais presque chez moi. J'espère que tout cela va s'arranger ! *(On sonne)*
KARINE : *(Sans se déplacer)* Quand on parle de buse, on en voit les plumes, entrez madame LUCETTE, je suis occupée.
SOPHIE : Non, ce n'est pas LUCETTE.
KARINE : Pardonnez-moi, comme madame LUCETTE doit arriver d'une minute à l'autre.
SOPHIE : La belle-sœur et son crétin de mari sont toujours dans le coin ?
KARINE : Depuis le départ de monsieur Adrien, ils ont passé autant de temps ici qu'en 5 ans !
SOPHIE : Je présume qu'ils viennent par intérêt !
KARINE : Tout juste ! Ils n'ont qu'un mot à la bouche ! TESTAMENT
SOPHIE : Tu m'étonnes !
(LUCETTE entre sans sonner)
SOPHIE : *(Saluant LUCETTE qui ne répond pas)* Bonjour LUCETTE.
LUCETTE : MARIE n'est pas encore rentrée ?
KARINE : Non et je ne sais pas quand elle rentrera !
LUCETTE : Je vais dans sa chambre, elle devait me prêter un chemisier ?
KARINE : Quel chemisier ?
LUCETTE : *(Enervée)* Un chemisier…….. Avec des fleurs…
KARINE : Ah ! Deuxième tiroir de la commode!
LUCETTE : Merci.
SOPHIE : Tu crois qu'elle est venue pour un chemisier ?
KARINE : MARIE n'a jamais eu de chemisier à fleurs !
SOPHIE : *(Se précipitant pour rattraper LUCETTE)* Elle vient pour voler des papiers !
KARINE : Ne vous inquiétez pas, à mon avis, elle ne trouvera rien! Ni chemisier, ni papier !
SOPHIE : Ah bon ?
(LUCETTE redescend visiblement énervée)
KARINE : Vous avez trouvé ce que vous cherchiez ?
LUCETTE : *(Enervé)* Non ! Je repasserai, elle a dû s'en débarrasser !
SOPHIE : Etrange que BÉATRICE ne soit pas avec elle ! Elle ne lui laisse pas 1 minute de liberté!
KARINE : C'est vrai qu'elle doit être malheureuse cette pauvre petite. SOPHIE, pensez-vous que MARIE va me mettre à la porte ?

SOPHIE : Grand Dieu non ! Pourquoi ferait-elle une chose pareille ?
KARINE : Si dans le testament Monsieur Adrien a donné tous ses biens à sa sœur, elle n'aura pas le choix.
(FRANÇOIS sonne)
SOPHIE : Elle revient à la charge ! *(KARINE ouvre, FRANÇOIS entre)*
FRANÇOIS : *(Avec un bouquet de fleurs plus important que la première visite)* MARIE n'est pas là ? Salut SOPHIE !
SOPHIE : Bonjour FRANÇOIS *(Plaisantant)* Oh les belles fleurs ! C'est pour moi ?
FRANÇOIS : *(Il tend le bouquet à KARINE)* NON ! C'est pour MARIE.
KARINE : On avait compris !
FRANÇOIS : En plus c'est des roses !
SOPHIE : *(Se retenant de rire)* Ah oui ! C'est des roses !
FRANÇOIS : *(Gêné qu'elle soit là)* Tu n'es pas derrière le comptoir de ta boutique ?
SOPHIE : Non, j'ai pris une journée de repos et ce n'est pas une boutique !
FRANÇOIS : *(moqueur)* Tu vends bien des trucs !
SOPHIE : *(Irritée)* Des médicaments ne sont pas des trucs !
FRANÇOIS : *(moqueur)* C'est pareil, c'est des trucs qui soignent, mais c'est des trucs ! Et puis elle est nulle ta boutique ! Y a même pas des trucs pour mes vaches !
SOPHIE : Si tu t'en occupais mieux, elles ne seraient pas malades !
FRANÇOIS : *(Enervé)* Par ta faute, j'en ai déjà perdu une du troupeau !
SOPHIE : *(Moqueuse)* Et combien il t'en reste ?
FRANÇOIS : *(Comptant sur ses doigts)* Ben une !
SOPHIE : *(Moqueuse)* Tu parles d'un troupeau !
FRANÇOIS : *(Menaçant)* Ben n'empêche ! Que…
KARINE : *(Levant la voix)* Ca suffit tous les deux ! Arrêtez de vous disputer !
SOPHIE : KARINE a raison, nous devrions plutôt nous inquiéter pour MARIE ! Tu passeras à la pharmacie je t'offrirais une brosse à dents !
FRANÇOIS : Pour ma vache ?
SOPHIE : *(En riant)* A toi de voir !
KARINE : Revenons à Marie ! Moi elle m'inquiète !
FRANÇOIS : Moi aussi elle m'inquiète ! *(Au bord des larmes)*
SOPHIE : Mais, je ne te savais pas si sensible !
FRANÇOIS : Je suis amoureux !
SOPHIE : De qui ?
FRANÇOIS : *(Vexé)* de la Marie bien sûr !
SOPHIE : Déjà ?
FRANÇOIS : *(Se relevant fier)* depuis 20 ans que je l'aime !
SOPHIE : 20 ans ? Tu n'avais qu'à l'épouser !
FRANÇOIS : *(De nouveau triste)* Je n'ai pas pu !
SOPHIE : *(Faussement triste)* Elle ne t'aimait pas ?
FRANÇOIS : *(Se relevant fier)* SI ! Elle m'aimait !
SOPHIE : *(Faussement triste)* Ben alors ! Pourquoi cela ne s'est pas fait ?
FRANÇOIS : *(Vexé)* A cause d'une mobylette !
SOPHIE : Une mobylette ?

FRANÇOIS : *(Vexé)* Une mobylette et la pluie !
SOPHIE : Une mobylette et la pluie !
FRANÇOIS : *(Vexé)* Une mobylette, la pluie et Adrien !
SOPHIE : *(Se retenant de rire)* Ah oui ! Ça fait beaucoup là !
FRANÇOIS : Elle me manque de trop !
KARINE : *(Se retenant de rire également)* Elle ne devrait plus tarder !
FRANÇOIS : *(Se mettant à l'aise déterminé à attendre)* Alors, je vais l'attendre.
KARINE : Tu es déjà venu hier, et tu sais très bien ce que Marie t'a dit !
FRANÇOIS : Je sais ! Mais j'ai une déclaration importante à lui faire !
KARINE : Une déclaration ?
FRANÇOIS : Oui ! Une déclaration d'amour !
(MARIE entre avec SIMONE)
MARIE : Bonjour SOPHIE *(Voyant FRANÇOIS, d'un air faussement ravi)* Oh FRANÇOIS, quel plaisir de te voir!
KARINE : Tiens, l'amoureux transit !
FRANÇOIS : Je t'ai apporté des…..
SIMONE : Bonbons ?
FRANÇOIS : *(Arrachant, énervé le bouquet des mains à KARINE qu'elle cache derrière son dos)* Donne-moi ça ! Ou je te tape ! *(Les donnant à MARIE)* Non, ces fleurs !
MARIE : *(Toujours d'un air faussement ravi)* Oh ! Des fleurs, ça faisait longtemps ! Comme elles sont belles !
FRANÇOIS : MARIE, Je n'arrive pas à vivre sans…
MARIE : Tu ne me demandes pas comment s'est passée la séance d'exorcisme ?
FRANÇOIS : Ah oui, Alors ?
MARIE : *(Voulant rire)* Je ne sais pas, je n'y ai pas assisté !
FRANÇOIS : Ah bon ?
KARINE : Ça s'est très bien passé !
SOPHIE : C'est quoi cette histoire d'exorcisme ?
FRANÇOIS : *(Fier)* C'est moi qui ai trouvé la solution ! J'ai fait venir le PÈRE GABRIEL pour qu'il débarrasse cette maison de l'esprit d'Adrien !
SOPHIE : *(A MARIE)* Encore avec tes histoires de voix ?
FRANÇOIS : *(Fier)* N'empêche que grâce à moi, la maison est de nouveau saine ! Parti le diable !
SOPHIE : Saine, exorcisme, curé, diable ! On nage en plein film d'épouvante !
MARIE : *(Voulant rire)* je t'expliquerais !
KARINE : Eh bien maintenant que tu sais que tout est rentré dans l'ordre ! Tu vas laisser MARIE se reposer, hein ?
FRANÇOIS : *(Se jetant à genoux)* J'ai quelque chose d'important à dire !
SOPHIE : Hum ! Ça sent la déclaration d'amour !
FRANÇOIS : j'ai longuement réfléchi à notre histoire d'amour et à la suite…Et j'ai l'honneur de te demander ta main !
MARIE : Laquelle ?
FRANÇOIS : *(Embarrassé)* Je ne sais pas moi la droite ou la gauche, peu importe !
MARIE : Non je parle de la suite….laquelle de suite ?

FRANÇOIS : Notre mariage ! Il faut fixer la date de notre mariage au plus tôt ! Faut faire vite !
SIMONE : Faîtes-ça en été ! J'adore la viande froide !
MARIE : Tu as mis quoi dans ta mobylette ? Du kérosène ? Tu brûles les étapes, nous verrons cela un peu plus tard !
FRANÇOIS : *(Fou de joie revenant sur la scène)* Quand ?
MARIE : Disons…. dans 2 ans !
FRANÇOIS : 2 ans ! Mais c'est long !
MARIE : Si tu m'aimes ! Tu seras patient ! Et puis, tu as déjà attendu 20 ans alors 2 de plus hein !
FRANÇOIS : *(Fou de joie)* Ce n'est pas NON alors ?
MARIE : Ce n'est pas OUI non ?
FRANÇOIS : *(Perdu)* non, mais ce n'est pas NON !
MARIE : Ben non, puisque je ne t'ai pas dit OUI !
FRANÇOIS : *(En sortant)* Ce n'est pas OUI non ?... non, mais ce n'est pas NON !... Ben oui, puisque je…… *(Il sort)*
SIMONE : *(Rigolard)* Quel succès MARIE ! Mais il n'est pas un peu perdu ton prince charmant là ?
MARIE : Je ne sais pas comment je vais m'en débarrasser !
KARINE : *(Riant)* C'est un bon parti en plus !
SOPHIE : Ça ne fait pas tout !
SIMONE : *(Rigolard)* Célibataire je présume ?
MARIE : *(Rigolarde)* Comment as-tu deviné ?
SOPHIE : *(Riant)* A son costume et à sa mobylette !
MARIE : *(Sérieuse)* Soyons sérieuse ! LUCETTE est-elle passée ?
KARINE : Oui ! Elle est venue en prétextant qu'elle venait chercher un chemisier à fleurs, elle est redescendue énervée, visiblement sans avoir trouvé ce qu'elle cherchait puis elle est sortie, disant qu'elle repasserait.
MARIE : Je m'en doutais !
SOPHIE : Il faut que tu sois vigilante MARIE.
SIMONE : *(Songeuse)* Entre la Lucette et le Charles ! Ça devient chaud !
MARIE : Tu as raison, nous serons très vigilants.
SOPHIE : Comment ça NOUS ?
MARIE : Ben, ma conscience et moi.
SOPHIE : Comment ça ta conscience ? Tu ne cacherais pas un petit secret à ta meilleure copine toi ?
(Sentant MARIE en difficulté, KARINE tousse)
KARINE : Je vous ai préparé les légumes, il ne reste plus qu'à les mettre à bouillir.
MARIE : *(Avant que KARINE et SOPHIE ne sortent)* Avec tout ceci, je ne t'ai pas demandé. Pourquoi es-tu venu ?
SOPHIE : Juste prendre de tes nouvelles…et savoir si tu avais besoin de quelque chose.
MARIE : Tu es une amie fidèle ! Merci SOPHIE, mais je crois que ça va aller maintenant.

SOPHIE : En tout cas, n'hésite pas à m'appeler si tu as des soucis.
MARIE : Je n'y manquerai pas.
KARINE : A demain MARIE, je file.
SOPHIE : Je te raccompagne KARINE, c'est sur mon chemin.
(KARINE et SOPHIE sortent)
SIMONE : *(Se levant)* Bon, je file, j'ai rendez-vous avec Alfred !
MARIE : C'est le grand amour dis-donc ?
SIMONE : *(Avant de sortir)* Non ! Je vais lui annoncer notre rupture ! Il est trop collant ! A plus tard !
Voix ADRIEN *(MARIE met les légumes à cuire)* « Tu vois, j'avais raison. »
MARIE : Je n'aurais jamais cru cela de ta propre sœur! Qu'allons-nous faire ?
Voix ADRIEN « Attendons qu'elle se manifeste ! Ensuite nous aviserons. Je vais me reposer. »
MARIE : Je croyais qu'un fantôme ne dormait pas ?
Voix ADRIEN « Façon de parler. Toi aussi tu dois être fatiguée ? »
MARIE : Alors, cette nuit tu ne viendras pas ?
Voix ADRIEN « Pour que tu m'attendes avec ton fusil de chasse ? »
MARIE : Mais non gros bêta ! Tu ne risques plus rien.
(Scène sombre)
(C'est la nuit, la table n'a pas été débarrassée, une faible lueur éclaire la cuisine, MARIE entre en chemise de nuit)
MARIE : Adrien ! Tu es là ?
(Elle se prépare un café)
MARIE : Adrien ! Coucou c'est moi, tu dors ? Non, il ne dort pas, sinon je l'entendrai ronfler ! Un fantôme ça ne ronfle peut être pas ?
(On entend un ronflement)
MARIE : Ah ben si ça ronfle !
(Elle s'assoit devant son café et tourne sa cuillère)
MARIE : C'est vrai que depuis qu'il est mort, on s'entend mieux ! Pas de dispute ! Pas de désaccord ! *(Voix triste)*…… pas de tagada ! Même si ce n'était pas brillant, ça nous arrivait quand même de temps en temps. Tu m'entends Trésor ? Pff, j'avais raison, même les fantômes ont besoin de sommeil !
(Elle termine son café et sort)
J4-8h
(C'est le matin, KARINE entre)
KARINE : *(Criant vers la chambre)* MARIE ! Vous êtes levée ? Elle a du se coucher tard, elle a encore fait un brin de causette avec Adrien.
(MARIE entre en robe de chambre, elle est visiblement mal réveillée)
KARINE : *(Elle regarde KARINE de plus près et fait un geste comme si elle tenait un révolver)* Rendez-vous les yeux, vous êtes cernés ! *(Elle se met à rire)*
MARIE : *(D'un air triste)* J'ai attendu Adrien tard dans la nuit, mais rien, il n'est pas venu….enfin il ne m'a pas parlé !
KARINE : Il devait être occupé ailleurs. Vous savez, les fantômes ça se balade à droite, à gauche ! D'ailleurs, ce doit être rigolo de visiter les maisons des autres !

MARIE : J'espère qu'il ne se promène pas dans des endroits mal famés ou dans des bars. Si non, il aura affaire à moi !
KARINE : Monsieur Adrien est un fantôme maintenant, vous ne pouvez rien lui faire, si non. Il sera désagréable avec vous! Et il restera toujours dans cette maison pour vous embêter !
MARIE : Et si je suis gentille, comment faire pour qu'il reste ?
KARINE : Ce n'est pas expliqué dans mon bouquin ?
MARIE : *(Elle sort le bouquin de sa robe de chambre et le feuillette avec KARINE).* Alors chapitre 1, « Identifier le fantôme » ! Ça c'est bon ! Pas de doute c'est bien lui. Chapitre 2, « Savoir si ses intentions sont belliqueuses » Ça c'est bon aussi, ça se passe plutôt bien. Chapitre 3, « Comment fidéliser son fantôme ? » Ah que disent-ils ? Si vous êtes désagréable avec lui, il restera pour vous persécuter et deviendra un esprit frappeur. Si vous êtes douce et attentionnée, c'est lui qui choisira de partir ou de rester. Me voilà bien avancée ! Douce et attentionnée ! Pas facile, je n'entends que sa voix !
KARINE : C'est à vous de faire le maximum pour ça ! C'est donc avec les mots qu'il faut lui faire comprendre vos bonnes intentions.
MARIE : Tu sais KARINE, c'est bête à dire, mais il me manque ! C'est incroyable, nous avons passé près de 20 ans, à nous disputer! Et maintenant je reste là, comme une cruche ! Je ne l'ai pas entendu cette nuit et j'ai l'impression que cela fait une éternité !
KARINE : Ça s'appelle l'amour MARIE !
MARIE : C'est bien ma chance ! Il aura fallu attendre qu'il parte pour que je tombe amoureuse de lui !
KARINE : Ne pensez plus à ça ! Prenez votre petit déjeuner, moi, je vais faire votre chambre et il faut vous préparer, LUCETTE vat certainement se pointer ce matin !
Voix ADRIEN « Bonjour ma chérie ».
MARIE : *(Heureuse)* Oh bonjour trésor ! Je t'ai attendu…cette nuit, mais rien…..tu m'as oublié ? Tu étais fâché ?
Voix ADRIEN « Non, pourquoi serais-je fâché ?»
MARIE : En tout cas, toi tu as bien dormi, tu as même ronflé !
Voix ADRIEN *(Gêné)* « J'ai ronflé ? Tu es certaine que c'était moi ?»
MARIE : Oui ! je reconnaîtrais ton ronflement entre mille !.......Tu as l'air triste ?
Voix ADRIEN « Oui, je regrette tant que nous soyons passés à côté du plaisir de se parler…… sans se disputer»
MARIE : Il y a d'autres plaisirs que nous n'avons pas approfondis si tu vois ce que je veux dire !
Voix ADRIEN « Oui, c'est vrai que de ce côté…… »
MARIE : Adrien, je peux te poser une question ?
Voix ADRIEN « Oui. »
MARIE : Tu m'as trompé de ton vivant ? Et depuis que tu es fantôme ?
Voix ADRIEN « Non, grand Dieu, non ! Que vas-tu chercher et un fantôme, ne mange pas, ne dors pas ou si peu et il ne peut pas………tu vois ce que je veux dire ? »
MARIE : Ce n'est pas marrant d'être fantôme dis-donc !

Voix ADRIEN « C'est une nouvelle vie »
MARIE : Nouvelle vie ? Tu as de ces mots !
Voix ADRIEN « Enfin, je veux dire, une vie spirituelle ! »
MARIE : *(En pleurant)* Mon trésor, si seulement tu étais là, nous pourrions tout recommencer……. *(Adrien apparaît sans que MARIE, le voit)* J'aimerai tant te prendre dans mes bras ! Te redire je t'aime en te serrant très fort! Puis…..j'aimerais tant te faire l'amour….
ADRIEN « Et bien qu'attends-tu ? »
MARIE : T'es marrant toi ! Je n'ai jamais pris de fantômes dans mes bras.
ADRIEN « Il faut peut-être y penser très fort ! »
MARIE : *(Sortant son bouquin)* Attends je regarde ce qu'ils disent dans le bouquin ! Chapitre 4 : Comment faire apparaître son fantôme. Préparez dans un récipient en cuivre la potion suivante : 10 cl d'eau bénite, deux gousses d'ail, du piment, des œufs d'escargot….j'espère qu'ils ne vont pas me demander de boire ça…..
ADRIEN « Laisse tomber ton bouquin, ferme les yeux et concentre-toi très fort en pensant à nous. »
(MARIE ferme les yeux)
ADRIEN « Pense à notre première rencontre. » *(En se rapprochant d'elle)*
MARIE : Je n'avais d'yeux que pour toi ! Et je crois que je ne te laissais pas indifférent ! C'était au bal du 14 juillet, il y avait du bruit, de la musique, des pétards et nous deux. Nous avons dansé toute la soirée et je me souviens que pendant notre dernier slow, je n'attendais qu'une chose, que tu m'embrasses. *(Adrien embrasse MARIE)*
MARIE : Adrien !………. *(Puis elle s'évanouie)*
KARINE : *(apparaît et se dirige vers MARIE)* Ça, c'était à prévoir! Venez m'aider.
ADRIEN J'espère qu'elle va bien. Elle me semble si fragile.
KARINE : Fragile ! Vous en avez de bonne vous ! Elle communique plusieurs jours, et plusieurs nuits avec son fantôme de mari ! Et PAF, il apparaît ! Mettez-vous à sa place ! C'est un coup à inverser les rôles, vous ici à vous lamenter et elle la haut pour de bon !
ADRIEN *(MARIE revient à elle)* Elle reprend ses esprits.
MARIE : *(En pleurant)* Adrien ! Mon trésor *(Elle touche son visage)* Mais, tu es vivant ? C'est bien toi, je ne rêve pas ?
ADRIEN C'est bien moi ma chérie, tu ne rêves pas.
(Ils s'embrassent)
KARINE : *(Sortant son mouchoir et se mouchant bruyamment)* C'est beau l'amour !
MARIE : *(Reprenant ses esprits)* Mais je ne comprends plus rien, tu étais mort ! La messe, l'enterrement, les fleurs et tout ça….
ADRIEN Je crois que je te dois des explications.
KARINE : Moi aussi, je vous dois des explications MARIE.
(Les trois sont assis autour de la table)
ADRIEN Voilà, j'ai organisé mon départ car la vie entre nous était devenue insupportable, disputes, indifférence et scènes de ménage étaient notre quotidien, te rappelles-tu ?

MARIE : Oh oui, C'est vrai que ce n'était pas la vie dont je rêvais.
KARINE : Je confirme ! C'était un véritable enfer. Si Monsieur Adrien ne m'avait pas proposé de participer à cette mascarade, je serais partie.
MARIE : Et le Docteur SIMON, il était dans le coup ?
ADRIEN Oui, bien sûr !
KARINE : C'est même lui qui a tout organisé, faux certificat de décès etc....
ADRIEN Il suffisait de lester le cercueil et aux yeux de tous, c'est bien moi que l'on enterrait ! Logiquement je n'aurais pas dû te parler, je voulais juste t'entendre et t'observer quelques jours pour voir ta réaction et partir loin d'ici, recommencer ma vie, mais je ne sais pas ce qu'il m'a pris.
KARINE : Le jour de l'enterrement vous étiez tellement soulagée et contente du départ de votre mari, qu'il a décidé de vous donner une petite leçon, en se faisant passer pour un fantôme.
MARIE : Mais ta voix, d'où venait-t-elle ?
ADRIEN Avec KARINE, nous avons installé des petits haut-parleurs, là, là et encore là.
KARINE : Afin que Monsieur Adrien voie tous vos gestes, nous avons posé une petite caméra ici.
ADRIEN Moi, j'étais installé confortablement dans le grenier, ou KARINE m'apportait discrètement mes repas. Puis j'ai décidé de rester, pour deux raisons, la première, cela devenait agréable de discuter avec toi et j'ai compris que tu me manquais et la seconde, pour l'attitude de ma sœur. *(Visiblement irrité)* Je sentais qu'elle préparait quelque chose de pas très catholique !
MARIE : Me faire vendre tous les biens.....
ADRIEN Récupérer l'argent……
KARINE : Et vous abandonner…….
ADRIEN C'est pour cela que je t'ai demandé d'aller voir le notaire très rapidement, le document que tu lui as remis annule la clause qui couche LUCETTE sur mon testament. Quand j'ai rédigé mes dernières volontés, ça allait tellement mal entre nous, que je voulais te punir en ne te laissant qu'une petite partie de mes biens.
MARIE : Mais un mort ne peut pas écrire une lettre !
ADRIEN Maître GALLET est également dans la confidence ! Quand LUCETTE est venue fouiller dans le secrétaire, c'est la copie du testament qu'elle cherchait !
(KARINE va à l'évier, elle regarde par la fenêtre)
KARINE : 22 ! Voilà la buse ! Adrien, retournez à votre poste d'observation !
(BÉATRICE, CHARLES, PIERRE et LUCETTE entrent)
LUCETTE : Ma chère belle-sœur, je suis venue te rendre visite hier, mais tu n'étais pas là.
BÉATRICE : Nous nous sommes inquiétées tantine.
MARIE : Toi, je n'en doute pas !
LUCETTE : Tu étais allée faire des courses ?
MARIE : Oui ! Chez GALLET
CHARLES : Maître GALLET ? Le notaire ?
LUCETTE : MARIE, tu aurais pu nous demander de t'accompagner ! *(Silence)* Il a ouvert le testament d'Adrien ! Il n'y a rien de changer ?

MARIE : Pour quelle raison es-tu passée pendant mon absence ? Et que cherchais-tu ?
BÉATRICE : Tu es venue chez tantine sans moi ?
KARINE : *(A LUCETTE)* J'ai dit à MARIE que vous n'aviez pas trouvée ce que vous cherchiez, là-haut dans sa chambre.
BÉATRICE : *(Irritée)* Maman ! Tu es venue fouiller dans les affaires de tantine ?
LUCETTE : Ben, oui !
PIERRE : Ce n'est pas méchant ! Ça reste dans la famille !
BÉATRICE : *(Menaçante)* Et que cherchais-tu ?
LUCETTE : Un chemisier à fleur, le mien est taché *(Elle cherche une tache)* Par-là, non, je crois, par-là ! Ou ici.
(MARIE prend une tasse de café et la jette sur LUCETTE)
MARIE : Et bien maintenant il est taché pour de bon !
LUCETTE : *(Furieuse)* Mais tu es folle !
CHARLES : Mais enfin Marie ça ne va pas ?
BÉATRICE : *(En riant)* Moi j'aurais vidé la cafetière !
KARINE : *(Tendant la sucrière)* Un peu de sucre peut-être ?
LUCETTE : *(Furieuse, elle prend BÉATRICE par la main)* Viens toi ! J'ai deux mots à te dire ! *(Elles sortent)*
BÉATRICE : Prends soin de toi tantine ! *(en sortant)*
CHARLES : *(En sortant)* Attends-nous bibiche !
PIERRE : *(En sortant)* Maman !
KARINE : Elle doit se poser beaucoup de questions la buse !
ADRIEN *(Adrien entre)* Oui, elle doit être en pleine réflexion !
KARINE : A mon avis, elle va revenir à la charge ! Qu'allez-vous faire ?
ADRIEN : Nous allons y réfléchir ! En attendant KARINE préparez-nous un bon petit repas ! Je commençais à en avoir assez des salades et des sandwichs !
KARINE : J'ai un bon bœuf bourguignon à vous proposer !
MARIE : J'ai déjà faim !
(La scène noire)
J4-15h
(Scène éclairée, KARINE débarrasse la table)
KARINE : Si tu savais comme je suis heureuse mon Gérard ! Monsieur et Madame de nouveau ensemble et ils ont l'air tellement amoureux ! Comme tu me manques mon amour ! *(On sonne)* Entrez ! *(SOPHIE entre, KARINE d'un ton très joyeux)* Ca va SOPHIE ?
SOPHIE : Oui ! Dit-moi ! Ta gaieté fait plaisir à voir !
KARINE : Je suis heureuse car MARIE va très bien ! Elle fait la sieste, enfin quand je dis la sieste……elle ne fait pas la sieste…….vous voyez ce que je veux dire….
SOPHIE : Non, je ne vois pas……
KARINE : Quand on dit qu'on va faire une sieste mais qu'en fait on ne fait pas la sieste…. On fait quoi ?
SOPHIE : De la lecture ?
(KARINE rit)

SOPHIE : Des mots croisés ?
KARINE : Oh ! Vous alors, vous ne devez pas souvent faire la sieste crapuleuse avec votre Michel.
SOPHIE : Ne me dit pas qu'elle a mis le motocycliste dans son lit !
KARINE : Mais non ! Elle est avec son mari !
SOPHIE : Le mari de FRANÇOIS ? Il est pacté ?
KARINE : Mais non ! Le mari de MARIE !
SOPHIE : Son mari ! Mais MARIE n'a plus de mari !
KARINE : Elle n'est plus veuve !
SOPHIE : Comment ça elle n'est plus veuve ? Expliques-toi.
KARINE : Ben Adrien est vivant, enfin n'est plus mort, Je dis n'importe quoi moi. Il n'a jamais était mort ! Il a toujours était vivant.
SOPHIE : J'aurai besoin d'un petit remontant moi…. ! *(KARINE lui sert de la gnole)* Un verre d'eau c'est parfait ! *(Elle l'avale d'un seul trait, elle s'étouffe)* Mais ce n'est pas de l'eau !
KARINE : Si, si de vie !
SOPHIE : Adrien n'a jamais été mort ?
(Adrien et MARIE entrent)
MARIE et ADRIEN Bonjour SOPHIE.
SOPHIE : Ben ça alors, tu parles d'un scoop ! Si je m'attendais ! Vous pouvez m'expliquer !
J4-19h
ADRIEN Oui ! Mais autour d'une bonne table ! Ce soir vous avez quartier libre KARINE ! Avec SOPHIE et MARIE, nous allons dîner à l'extérieur, dans un petit restaurant, à l'abri des regards.
J5-8h
(C'est le matin, Simone est attablée et boit un café, KARINE prépare 4 tasses, par la fenêtre, elle voit arriver BÉATRICE et LUCETTE)
KARINE : Voilà la buse. Et ben ! Elle est matinale.
SIMONE : fallait s'y attendre !
(BÉATRICE et LUCETTE entrent)
LUCETTE : *(Mielleuse)* Bonjour KARINE, bonjour SIMONE !
KARINE : Bonjour ! Charles et Pierre ne sont pas avec vous ?
SIMONE : Salut !
SOPHIE : *(Voulant rire)* Ils sont au garage *(Moqueuse)* L'automobile est en panne !
LUCETTE : MARIE est levée ?
KARINE : Oui, elle ne va pas tarder à descendre, vous avez un joli chemisier !
(LUCETTE hausse les épaules)
LUCETTE : Qu'elle se dépêche ! Je n'ai guère le temps, nous devons aller chez Maître GALLET, cet ivrogne !
KARINE : A quelle heure ?......Après tout, cela ne me regarde pas.
LUCETTE : *(D'un ton hautin)* C'est vrai cela ME regarde. D'ailleurs, je ne vois pas pourquoi je vous raconte tout cela.
(MARIE entre, très bien habillée, couleurs vives)

LUCETTE: Pourquoi cette tenue ? Et ton deuil ?
BÉATRICE : Tu es très belle tantine !
MARIE : Merci ma chérie !
LUCETTE: Tu sembles oublier que tu as enterré ton mari il y a moins d'une semaine.
(MARIE ne répond pas)
KARINE : Alors MARIE, avez-vous bien dormi ?
MARIE : Oh oui, j'ai passé la plus belle nuit de ma vie ! Je vois que le petit déjeuner est prêt ! C'est parfait. Mais il manque une tasse !
(KARINE ajoute une tasse)
LUCETTE: *(Inquiète)* Tu attends quelqu'un ?
MARIE : *(ton sec)* OUI ! *(d'un ton doux)* Assieds-toi KARINE, toi aussi BÉATRICE.
KARINE : *(Très gênée)* Mais….je n'ai jamais pris le petit déjeuner avec vous ?
MARIE : Eh bien, c'est une erreur ! *(Lui faisant signe de s'asseoir)* Poses tes fesses ici !
BÉATRICE : *(Joyeuse)* C'est une bonne idée ! Prenons le café toutes ensemble.
LUCETTE: *(Hautaine à sa sœur)* Mais les gens de maison ne se mettent pas à la même table que…
MARIE : Et bien méfies-toi que ce ne soit pas toi qui aille prendre ton café dans le grenier.
KARINE : *(coup de coude à MARIE)* Pas dans le grenier.
MARIE : Oui, pas dans le grenier….dans la cave….par exemple.
SIMONE : *(Au public)* Moi je lui aurais servi un verre d'eau dans l'étable !
LUCETTE : *(mielleuse)* Je disais ça comme ça. Après le petit déjeuner, nous avons rendez-vous, toutes les deux chez ce cher maître GALLET !
BÉATRICE : Tiens ! Ce n'est plus un ivrogne ?
LUCETTE : J'ai dit ça comme ça !
MARIE : Nous n'irons pas chez le notaire ! Nous avons déjà fait le nécessaire ! Enfin, j'ai fait le nécessaire !
LUCETTE : *(excitée)* Tu m'as officiellement donné la moitié des biens ? *(Faisant semblant de pleurer)* Comme le souhaitait mon pauvre frère ! Je savais que tu serais raisonnable !
SIMONE : *(Au public)* A mon avis on va rire !
MARIE : *(Se levant)* Oui ! Je suis raisonnable, tu n'auras rien ! Ni la moitié, ni un mètre carré, ni même un confetti de terrain!
(LUCETTE se lève effarée)
LUCETTE : Mais enfin MARIE, c'est une plaisanterie ?
SIMONE : *(Riant au public)* Moi, je ne crois pas !
MARIE : *(Allant dans le petit meuble)* SIMONE à raison, ce n'est pas une plaisanterie.
LUCETTE : Alors, je n'ai rien ?
MARIE : *(revenant à la table avec un petit paquet cadeau)* Si, nous ne vous avons pas oublié.
LUCETTE : Qui NOUS ?
KARINE : Ben, l'invité de madame MARIE. Il ne va pas tarder à arriver d'ailleurs.
(MARIE donne un paquet à LUCETTE, qui l'ouvre d'un air dépité)
LUCETTE : *(Montre une montre à gousset)* C'est quoi ça ?

MARIE : *(D'un ton solennel)* la montre de l'arrière-grand-père d'Adrien, Gédéon.
KARINE : C'est un cadeau de grande valeur, la montre de Gédéon.
SIMONE : *(Moqueuse)* Oh la chance !
MARIE : Elle ne marche plus, mais un bon horloger pourrait essayer de la réparer.
LUCETTE : *(Jetant la montre sur la table)* C'est bien ça….tu te moques de moi.
MARIE : Non, pas moi ! NOUS.
LUCETTE : *(En colère)* Mais enfin qui ça NOUS !
(Adrien entre)
ADRIEN : MARIE et moi !
(LUCETTE s'évanoui)
BÉATRICE : *(Bégayant)* Ton Ton Ton… mais tu n'es pas vivant ! …..enfin tu es mort ! Tu….tu…
ADRIEN *(Prenant Béatrice dans ses bras)* Bien vivant, en chair et en os.
BÉATRICE : Comme je suis heureuse tonton !
SIMONE : *(Heureuse)* Je m'en doutais !
BÉATRICE : Comment as-tu deviné Simone ?
SIMONE : *(Allant faire la bise à Adrien)* Adrien est bien trop chiant pour que saint Pierre lui ouvre les portes ! Et puis tu ne serais pas parti sans me payer mes lapins !
ADRIEN : Il faut que j'y pense cette fois !
LUCETTE : *(revenant à elle)* Adrien ? Expliques-moi !
ADRIEN : A quoi bon ! Tu ne comprendrais rien !
SIMONE : *(Moqueuse au public)* C'est vrai qu'à part le pognon ! Il y a pas grand-chose à creuser là-haut !
LUCETTE : Adrien ! Pourquoi cette mascarade, tu es vivant, pourquoi ?
SIMONE : Parce qu'il n'a jamais été mort ! Espèce d'andouille.
BÉATRICE : Mais alors, l'enterrement ?
LUCETTE : Mais, je devais hériter de la moitié !
ADRIEN *(Furieux)* Je n'aurais jamais dû te laisser me convaincre de te mettre sur mon testament !
LUCETTE : Mais tu n'as pas dit non !
ADRIEN *(Furieux)* Tu as profité de ma faiblesse et du fait que ça allait très mal dans mon couple pour obtenir, après ma mort tous mes biens !
BEATRICE : Et TOC ! Prends ça dans les dents la vieille !
SIMONE : J'aurais dit pareil ! mais en plus hard !
LUCETTE : Toi petite peste, je t'interdis de me parler comme ça !
BEATRICE : Tu sais ce qu'elle te dit la petite peste ?
SIMONE : Non ! Mieux vaut pas !
LUCETTE : *(Revenant à la charge)* Mais pourquoi es-tu allée chez le notaire alors ?
ADRIEN Pour modifier le testament et faire la donation de tous mes biens.
LUCETTE : Mais à qui bon sang ?
MARIE : Une moitié à KARINE et l'autre à BÉATRICE !
(KARINE s'évanouit)
ADRIEN Allons-bon !
BÉATRICE : A moi ?

LUCETTE : A toi ?
(MARIE et Adrien mettent KARINE sur une chaise, elle revient à elle)
KARINE : A BÉATRICE, je comprends, mais moi ?
LUCETTE : A elle ? Mais c'est impossible !
ADRIEN *(Sortant des titres de propriété)* C'est tout ce qu'il y de plus vrai. Voilà KARINE.
MARIE : KARINE, bienvenue dans ta nouvelle propriété.
KARINE : Je ne sais pas quoi dire !
LUCETTE : *(En colère)* Ben refusez ! Je rêve ! Pourquoi tout donner à cette boniche ?
KARINE : Tu sais ce qu'elle te dit la boniche ?
SIMONE : Non ! Mieux vaut pas !
MARIE : Cette boniche, comme tu dis, a toujours été près de nous dans les bons et les mauvais moments, serviable, gentille et sincère, toujours fidèle.
ADRIEN C'est une façon de la récompenser !
LUCETTE : Heureusement vous n'avez pas oublié ma fille chérie ! *(Mielleuse)* Tu verras, papa et maman vont bien s'occuper de tes biens !
BÉATRICE : Même pas dans tes rêves !
SIMONE : Bien dit ma cocotte !
LUCETTE : Mais je suis ta mère ! *(Simulant des pleurs)* Tellement attentionnée ! C'est à moi de le faire, moi qui aie toujours tout fait pour ma famille !
SIMONE : Et faux cul avec ça !
ADRIEN Tu n'as jamais aimé venir ici, ou quand tu venais, c'était toujours par intérêt ! Ou pour me demander de l'argent en cachette !
BÉATRICE : Tu es tellement radine, qu'à la messe tu donnes un bouton à la quête!
KARINE : D'ailleurs, Adrien est ressuscité et tu n'es même pas venue l'embrasser.
LUCETTE : *(Prenant BÉATRICE par le bras)* Vient ! Nous n'avons plus rien à faire ici !
BÉATRICE : *(Se dégageant de sa mère)* ben vas-y toute seule ! Moi je reste avec KARINE, si elle veut de moi !
KARINE : Avec grand bonheur, tu es ici chez toi !
BÉATRICE : *(Toisant sa mère en sortant)* je vais chercher mes affaires.
LUCETTE : *(En sortant)* Petite merdeuse ! Tu vas avoir des nouvelles de ton père ! *(Elle sort)*
KARINE : C'a y est, c'est la migration des buses. Enfin débarrassé ! *(Regardant par la fenêtre)* ho ! Nom d'une pipe !
ADRIEN *(Allant à la fenêtre à son tour)* Que se passe-t-il ?
KARINE : L'amoureux transit de Marie ! Qui se pointe, avec Sophie !
MARIE : Ce n'est pas possible ! Je ne veux pas le voir ! *(Elle monte dans la chambre)*
ADRIEN : *(Se frottant les mains !)* Karine ! Gagne du temps ! Je vais m'occuper de son cas, je file dans le grenier ! *(Il monte dans la chambre)*
SIMONE : *(Se frottant les mains)* Moi je ne veux pas rater ça !
(Karine et Simone restent sur la scène, François entre derrière Sophie)
SOPHIE : *(Exaspérée)* Ah ! Karine ! Je disais que François devait se faire une raison ! Marie n'est pas pour elle !
FRANCOIS : Mais je l'aime !

KARINE : Sophie a raison ! La vengeance de monsieur Adrien sera terrible !
SOPHIE : *(Menaçante)* Tu vas t'attirer tous les malheurs des ténèbres !
FRANCOIS : Tu parles ! Il ne me fait pas peur ce fantôme de pacotille !
KARINE : Sans compter les maladies !
FRANCOIS : *(Inquiet)* Les maladies ?
SOPHIE : *(terrifiante)* Tu auras les yeux injectés de sang ! Même qu'il n'y a pas de médicament pour soigner ça ! Ça s'appelle, l'injection oculaire satanique !
FRANCOIS : Ah bon ?
KARINE : Je crois que le premier œil tombe au bout de 4 jours !
SOPHIE : *(terrifiante)* Oui ! C'est ça ! Et le second 10 minutes après !
SIMONE : *(D'un ton dramatique)* Il paraît même que les oreilles suivent ! Tu vas ressembler à Fantômas !
FRANCOIS : M'en fou ! Même pas peur !
SOPHIE : *(Menaçante)* Il ne te fait pas peur ? Alors je te laisse l'affronter seul ! Je ne veux pas assister au massacre ! Marie ! Viens, je ne veux pas que tu vois ce carnage !
(Elles sortent)
SIMONE : *(D'un ton dramatique en sortant)* Mon non plus je ne veux pas voir ça !
FRANCOIS : Adrien ?
Voix ADRIEN : *(Voix terrifiante)* OUIIIIIII !
FRANCOIS : C'était juste pour savoir si tu allais bien ! A plus ! *(Il part en courant)*
(Karine et Sophie entrent)
SOPHIE : *(Riant)* Tu as vu à quelle vitesse il a traversé le jardin ?
KARINE : *(Riant)* Dis-donc ! Il n'a même pas eu le temps d'ouvrir le portillon ! Il a sauté par-dessus !
MARIE : merci les filles ! Vous avez été TOP ! Nous voici débarrassé !
(Adrien apparaît)
ADRIEN Tu ne peux pas savoir comme je suis soulagé et heureux que tout se finisse comme ça !
SOPHIE : Mais ce n'est que le début d'une belle histoire!
ADRIEN Oui, nous avons tant de temps à rattraper ! Karine tu peux donner un coup de main à Marie pour descendre les valises ? *(Karine et Marie vont dans les chambres, il s'assure qu'elles ne soient plus là)* Tu as pensé à la surprise ?
SOPHIE : *(Elle sort deux billets d'avions)* Oui, voilà ! *(Elle lui donne les billets)* Ce voyage va rendre MARIE folle de joie ! Je vous souhaite à tous les deux que du bonheur !
ADRIEN Et ce n'est que le début !
(Karine et Marie rentre avec deux valises chacune)
MARIE : *(Marie prend Karine dans ses bras)* Merci ! Tu resteras toujours notre amie la plus fidèle !
SOPHIE : *(Emue)* Je me sauve....si non...
MARIE : Michel va encore râler !!
SOPHIE : *(Emue)* Non, je vais me mettre à pleurer !
(Ils rient tous les 3)
(Sophie ouvre la porte)

KARINE : Laissez la porte ouverte, je vais mettre les bagages des tourtereaux dans la voiture ! *(KARINE sort)*
SOPHIE : *(Prenant les deux autres valises)* Je m'occupe de ces deux-là !
(Sophie sort)
MARIE : Dis-moi trésor, comment allons-nous faire pour vivre, nous n'avons plus rien à présent ?
ADRIEN Durant ces longues années pendant lesquelles je t'ai négligé, durant lesquelles je rentrais très tard du travail ! Crois-tu que ce fut gratuit ?
MARIE : Non bien sûr, mais cela a créé beaucoup de dégâts dans notre couple.
ADRIEN C'est vrai, mais le bon côté de la chose, c'est que cela m'a permis de mettre une coquette somme d'argent de côté !
(KARINE revient)
ADRIEN Tu es prêtes, tu n'as rien oublié ?
MARIE : *(Comptant sur ses doigts)* Avec quatre valises, pour un weekend, je ne pense pas !
ADRIEN Nous partons pour beaucoup plus longtemps que ça !
MARIE : Mais où ça !
KARINE : *(Souriant)* Vu que les valises sont légères comme des plumes, je suppose que c'est pour une destination au soleil !
ADRIEN *(Montrant les billets d'avion)* Oui ! Nous allons au soleil, dans les îles !
MARIE : Mon Dieu comme je suis heureuse mon amour ! *(Elle lui saute dans les bras)*
ADRIEN Partons, nous ne devons pas rater l'avion !
MARIE : *(Prenant KARINE dans ses bras)* Merci pour tout KARINE ! Prends soins de toi !
KARINE : *(Sort son mouchoir)* Vous aussi ! Vous…….
MARIE : Maintenant c'est TU !
KARINE : TU m'enverras un peu de soleil, dans une carte postale je veux dire.
MARIE : Une tonne par semaine, ça ira ?
ADRIEN *(Prenant à son tour Karine dans ses bras)* Mieux que ça, quand nous serons installés, tu viendras nous rendre visite ! Tu seras notre invitée d'honneur *(Il prend MARIE par la main)* Nous partons chérie ? *(Ils sortent)*
MARIE : Et comment Trésor !
KARINE : *(Se mouchant très fort)* Mon pauvre Gérard ! Si seulement tu étais là !
Gérard voix OFF : Bonjour mon amour……
KARINE : *(Se levant d'un bon)* GERARD !

Fin

I want morebooks!

Buy your books fast and straightforward online - at one of world's fastest growing online book stores! Environmentally sound due to Print-on-Demand technologies.

Buy your books online at
www.morebooks.shop

Achetez vos livres en ligne, vite et bien, sur l'une des librairies en ligne les plus performantes au monde!
En protégeant nos ressources et notre environnement grâce à l'impression à la demande.

La librairie en ligne pour acheter plus vite
www.morebooks.shop

KS OmniScriptum Publishing
Brivibas gatve 197
LV-1039 Riga, Latvia
Telefax: +371 686 204 55

info@omniscriptum.com
www.omniscriptum.com

www.ingramcontent.com/pod-product-compliance
Lightning Source LLC
Chambersburg PA
CBHW031244160426
43195CB00009BA/594